U0650236

金融
从业之路

求职指导+职业规划

冰河洗剑◎著

中国铁道出版社有限公司
CHINA RAILWAY PUBLISHING HOUSE CO., LTD.

图书在版编目（CIP）数据

金融从业之路：求职指导＋职业规划／冰河洗剑著 . —北京：
中国铁道出版社有限公司，2023.8

ISBN 978-7-113-11859-4

Ⅰ.①金… Ⅱ.①冰… Ⅲ.①金融业－研究－中国 Ⅳ.① F832

中国国家版本馆 CIP 数据核字（2023）第 080069 号

书　　名：**金融从业之路——求职指导＋职业规划**
　　　　　JINRONG CONGYE ZHI LU：QIUZHI ZHIDAO ＋ ZHIYE GUIHUA
作　　者：冰河洗剑

责任编辑：张　明　　　编辑部电话：（010）51873004　　　电子邮箱：513716082@qq.com
封面设计：宿　萌
责任校对：刘　畅
责任印制：赵星辰

出版发行：中国铁道出版社有限公司（100054，北京市西城区右安门西街 8 号）
印　　刷：北京联兴盛业印刷股份有限公司
版　　次：2023 年 8 月第 1 版　2023 年 8 月第 1 次印刷
开　　本：710 mm×1 000 mm 1/16　印张：14.5　字数：197 千
书　　号：ISBN 978-7-113-11859-4
定　　价：69.00 元

投资之路：金融行业进阶手册

随着过去 30 多年我国经济的快速增长，金融这个溶于经济各条血脉的行业也得到了蓬勃发展。也许是离"钱"较近使从业者收入相对丰厚，这使得金融成为颇多学子和其他诸多行业人士青睐的就业方向。然而，众所周知，所谓金融是一个十分广泛的领域，从子行业、公司类型、工作职能等任何维度来划分，其都可以被划分为数十个乃至更多的细分领域，这意味着不是每个领域都适合所有人，也不是每个领域都"前途似锦"。即便知道了自己想选择的具体方向，但个人受限于信息和软硬件能力，在具体择业时也会面临一系列的问题和难点。例如，学历略有不足的朋友该如何进入该行业？正因为有着形形色色的难点，金融求职也是一些论坛上经久不衰的话题。然而，如果以内行稍带审视的眼光去看大多数金融求职的帖子，就会发现不少答主存在以下一些通病。

（1）对行业的理解较肤浅，在道听途说中把个案当惯例。

（2）缺乏辩证思维，对择业方向非黑即白地下结论。

（3）性情乖戾地对发问者冷嘲热讽，却又给不出有效的解决方案。

论坛中形成以上问题的原因也很简单，即鲜有真正的资深投资人员愿意深入、持续地花时间来为面临入行困惑、转行困境的年轻人答疑解惑，直到我看到了冰河洗剑的帖子。

其实我和冰河洗剑相识已有十余年，我们和圈里其他几位朋友一起经历着从卖方研究所入行，辗转进入合意的买方，最终以投资作为事业发展的方向。冰河洗剑有着非常丰富的从业经历，她一入行就是新财富团队研究员，从事投资后又先后涉足过多个板块，这使得她在给出建议时会较为充分和全面，避免"卖方式"地一条道走到黑。更令人佩服的是她的组织能力，在小小的知识星球一隅，她先后把基金、保险资管、PE、银行自营、投行的诸位朋友都邀请进来担任嘉宾，全方位地为大家答疑解惑。至此，冰河洗剑所涉足的内容已远不止入行卖方研究所与行研方法的普及，她的星球覆盖了职业选择、一二级市场投资、大类资产配置等诸多内容，其广度可以称得上是中国金融行业的入门级百科全书。

圈内朋友对冰河洗剑花那么多时间把求职指导和行研方法论的教学从知乎延展到星球，直至出版写书都有些吃惊，第一反应都是这得花多少时间，又能得到怎样的回馈。以我对她的了解，"情怀"是她从事这项事业的核心推动力。回看过去十年，不管是冰河洗剑本人还是周围其他同业朋友，事业上一帆风顺或一战成名的是极少数，大多数人在事业小成的背后都面临着相同的抉择和突围：入行时是看重平台还是看重行业、理工科转金融怎么操作、青春不再时转行进入卖方值不值、此买方与彼买方该怎么选择、卖方转买方之后如何适应等。除了"情怀"，我猜测剩下动力来源的可能就是"兴趣"。毕竟人生不能只有股票、债券，在工作之余需要有能够填满自己内心的途径。也许对冰河洗剑而言，给近千位学弟、学妹以启迪，直接帮助近百位同学做出入行的正确选择，其本身就带来了较高的正反馈。

再看这本《金融从业之路——求职指导＋职业规划》，是冰河洗剑借鉴周围多位同业好友职业生涯的经验，又结合五年来积累的数百位知乎和星球网友的案例编撰出来的求职进阶教程。如以此书为基础，再适度地在网上与冰河洗剑交流，相信可以帮助读者在进入金融行业之前进行有效的自我准备,并在入行后三年内几乎不会再有大的方向性的困惑。这之所以重要，是因为大多数时候职业发展的难点在于方向的选择，如果以正确的方向作为基础而进行努力，则大概率会实现自我目标。联想到由冰河洗剑在五年前的一时兴起，到最终帮助千百位同业迈出事业上坚实的第一步，即便是我这个旁观者，都觉得这是令人感怀的成就。

晨　波

2023 年 5 月

前言

从 2017 年起，我在知乎上举办了三次线上讲座，累计超过 1 000 人参加，在知乎和知识星球上回答了 900 多个一对一咨询问题，不知不觉在互联网平台上留下了几十万关于金融行业求职和投资的文字。

一次偶然的机会，中国铁道出版社有限公司的编辑找到我，想请我出版一本关于金融行业职业发展类的书籍。截至目前，市面上鲜有在职金融从业者通过写书系统地给广大读者客观地梳理行业各细分领域，剖析前中后台不同类型职位的发展路径，大多数人对金融行业的真实情况一知半解，这可能是因为对于忙碌的金融工作者来说，出书花费时间多，性价比却很低。之前我也一直没有出书的计划。但是，有一次我跟老领导一起吃饭，老领导的一番话让我很受启发：工作时间越长，越觉得一个人不仅要做挣钱的事情，还要做对他人有帮助和对社会有贡献的事情。我非常赞同他的观点，想想自己已经在网络上给予很多朋友咨询帮助，也希望借出版社邀请的契机，以圈内人的视角写一本接地气、有广度又有深度的金融行业职业发展指南，通过这本书可以让更多的朋友了解国内金融行业，在纷杂的噪声中选择正确的职业发展道路。

本书阅读指南：做好规划，少走弯路

回首往昔，我身边的朋友和我自己都在金融职场中走过不少弯路，如果当年我对行业更了解、有前辈提点，其实很多坑完全可以躲开。因此，我想把这些年摸着石头过河的亲身经历、职场感悟和经验教训写下来，帮助"后浪们"做好规划，少走弯路。在前言中我将对本书的四大部分内容进行简要的介绍。

金融行业主流职位剖析

记得我刚入行时读过一本书叫《华尔街的肉》，作者安迪·凯斯勒在书中回顾了自己在华尔街做分析师的职业生涯。这本书给我留下了深刻的印象，也让我迅速对分析师工作有了一定的认识和了解，但是，国内分析师的工作内容还是与海外市场有较大差异，而市面上的书籍在介绍金融行业时，多数以介绍投行承揽／承做工作为主。所以，这本书我会从"职业路径之证券分析师"讲起，跟大家聊聊国内证券分析师职位真实的工作状态和工作内容，卖方和买方证券分析师工作的异同之处，以及证券分析师职业发展前景。

聊完证券分析师岗位，我会再一一介绍金融行业的其他主流职位，包括证券交易员、投资经理／基金经理、销售、项目经理（承揽／承做岗）、产品经理、金融科技和其他中后台职位，这几大类别可以囊括金融行业95% 以上的工作岗位，帮助读者了解真实的金融行业职位构成。在对不同类型的工作岗位有所了解后，也更方便读者做出最适合自己的职业道路选择。

行业核心细分领域揭秘

近年来回答求职问题时，经常有人问我某些名字看起来很不错的"金融"公司怎么样，实际上，里面有很多"挂羊头卖狗肉"的公司。在本书中，我们首先要回答的问题就是：金融行业有哪些细分领域？哪些公司是正规的金融机构？

我国的金融行业实行的是以分业经营、分业监管为主的架构，按照监管机构不同可以分为证监会监管的金融机构和银保监会监管的金融机构（银监会和保监会于 2018 年合并），其他比如小贷公司大多数归地方金融办管理。但在 2023 年的两会上，根据国务院提请的机构改革方案[①]，在银保监会的基础上组建国家金融监督管理总局，统一负责除证券业之外的金融业监管，不再保留银保监会，未来的监管格局变为一局一行一会。我们评估一家公司是不是正规的金融机构，核心要看它是否受到金融类监管机构的监管，而评级机构、会计师事务所、律师事务所、评估公司则是服务于金融行业相关业务的第三方机构，从严格意义上来说不算金融机构，但其工作内容与金融行业息息相关，也可以作为进入金融行业不错的跳板。

证监会监管的金融机构主要包括证券公司、公募基金、私募基金（包括做二级市场的私募基金，还有一级市场的 PE/VC/ 天使投资）、期货公司和 QFII 机构。我将分别在第 3 章和第 5 章中详细介绍券商和公募基金 / 私募基金行业，证监会监管的其他机构将会在第 6 章中提及。

银保监会（2023 年两会后变更为国家金融监督管理总局，本书为方便讲解，仍沿用银保监会的说法）监管的金融机构主要包括银行、资管公司、信托公司、融资租赁公司（包括金租公司和商租公司，商租公司目前的监管职能已经从商务部转移到银保监会）、财务公司、消费金融公司、汽车金融公司、银行理财子公司、保险机构和保险资管公司。我将在第 4 章中给

---

① 此方案为截至本书出版时的最新方案。

各位读者分析金融行业的"老大哥"，银行业及资管新规颁布后的新生产物——银行理财子公司，其他金融机构也将会在第 6 章中介绍。

怎样做入行和转行准备

在读的各位朋友应该大多想进入金融行业或者已就职于金融行业但想要在行业中更进一步，读完本书的前 6 章，相信你对金融行业的各细分领域和具体职位已经有了一定的了解，接下来进入实战环节：从怎样写一份优秀的个人简历讲起，再以我多年做面试官的经验介绍如何准备金融行业面试，进而如何积攒实习经验，最后选择最适合自己的 Offer。除了想进入金融行业的学生，对于想从其他行业转行或从金融行业的一个子行业转向另一个子行业（行业内转行近年来也越来越频繁，风水轮流转，有些子行业走向衰落，而有些子行业走入上升期）的朋友，我在这一部分内容中也会分享转行的方法和路径。

金融行业职业发展思考总结

第 8 章是我在金融行业工作超过十年积累的一些思考体会。包括怎样做好行业积攒，怎样应对职业瓶颈期，如何进行向上和向下管理，在行业内可持续发展需要具备的时间和健康管理窍门，作为一名职业女性，我也会开诚布公地聊聊国内职场女性在金融行业职场中的注意事项，以及每个人在行业内竞争加剧形势下的应对之道。

冰河洗剑

2023 年 5 月

目录

第 1 章

职业路径之证券分析师

证券分析师的报告和观点近年来越来越多地出现在公众视野中，少数卖方证券分析师甚至走网红路线吸引大众眼球，这种做法同时也扭曲了大众对分析师行业的正确认识。本章我将结合自己的职业生涯经历，讲述证券分析师的研究领域、技能和所需素质、工作日常、尽调、行业和公司分析等读者关心的话题。

首先，证券分析师根据所在机构不同，可以分为卖方证券分析师（就职于券商研究所）和买方证券分析师（就职于公募基金、私募基金、保险资管等机构）。

卖方证券分析师（以下简称"卖方分析师"）的主要工作内容为跟踪所覆盖的领域，撰写研究报告，服务机构投资者（买方，包括前文提到的公募基金、私募基金、保险资管等机构），通过路演等形式推荐观点。

简单而言，卖方行研是提供研究服务的一方，其客户是机构投资者，虽然不对推荐行业和个股的业绩负责，但买方会通过新财富评比、派点分仓等方式用脚投票。

买方证券分析师（以下简称"买方分析师"）也是卖方分析师的服务对象，各家买方机构一般会在公司下设研究部和研究员职位。买方分析师的主要职责是跟踪所覆盖的领域，并给公司内部的基金经理提供具体的行业和个股观点，推荐股票推得准的话就更能得到公司内部的认可。

接下来，我将从卖方分析师讲起，带领读者了解证券分析师职业。

1.1　卖方分析师职业路径剖析

卖方分析师行业已经进入全面服务和竞争阶段，服务对象的范围不断扩大，服务内容的广度和深度也在不断提升，大型券商研究所动辄几百人的研究队伍、每年几千篇的研究报告、研究领域的不断精细化，无不在说明证券分析师行业的竞争愈发激烈。本节将介绍典型的大中型卖方研究所都有哪些研究领域，供读者参考。当然，每家研究所的团队设置都有区别，在应聘时应以实际情况为准。

1. 证券分析师的研究领域

证券分析师的研究领域整体而言可以分为宏观总量、策略研究、行业研究、固定收益、金融工程、基金研究、港股及海外市场几大分支板块。

（1）宏观总量研究组

宏观经济研究大体可以分为四大细分领域：海外宏观和国际经济体、经济增长、通货膨胀和经济政策（经济政策又包括货币、财政、产业和监管政策等）。

很多宏观分析师都拥有经济学博士学位（虽然不是必需的），做宏观对于经济学和计量统计等方面的要求也比行业研究员要高。

有些券商会把固定收益放在宏观总量研究组，有些券商会为固定收益配置单独的研究团队。

（2）策略研究组

策略研究上要承接宏观总量研究，下要衔接行业研究并给出投资组合，可以说是整个研究所的"大脑"。策略研究的细分领域包括大类资产配置、行业比较、大势研判和专题研究等。策略研究做得好的人在业内很有市场影响力，但要想做好策略研究并不容易，简单地说就是需要你是一个全才，对宏观、政策、大类资产配置甚至各行业板块都要懂一些，这样才能更好地对市场做出预判。市场上很多优秀的策略分析师都是先做行业分析师，有了一定的积累后再做策略分析师的。

（3）行业研究组

大多数大中型券商研究所会按照新财富最佳分析师评选的分类进行行

业研究组的设置。以 2021 年新财富评选为例，行业研究被分为银行、非银行金融、房地产、食品饮料、医药生物、批发和社会服务业、家电、农林牧渔、轻工和纺织服装、电子、计算机、传播与文化、通信、机械、汽车和汽车零部件、建筑和工程、新能源和电力设备、国防军工、环保、化工、电力、煤气及水等公用事业、能源开采、金属和金属新材料、交通运输仓储、非金属类建材。行业研究组一般也是按照上述新财富评选分类进行设置的。

新财富评选设置近年来也出现了一些微调，比如有色金属和钢铁合并为金属和金属新材料，这也体现了时代和行业周期的变化。钢铁行业也辉煌过，与水泥、煤炭行业并列为"三朵金花"。

行业研究组从大方向来看，可以分为大金融、大消费、科技 /TMT、大周期 / 能源与制造等几个大板块，有的券商会在首席之上设置大组长职位，统一负责所在大组的工作和整合资源。有些研究所会将新三板、中小盘列为单独的研究小组，覆盖标的会涉及多个行业。

我列举了许多行业组，一些读者可能会问："应如何选择加入哪个行业组呢？"我认为可以按照以下标准进行选择。

首先，如果你拥有相关的学科和行业背景，那么建议选择与你的学历和工作经验最相关的行业，尤其是技术门槛较高的行业对学科和行业背景较为看重，比如医药、化工、计算机等。举例来说，上市药企的公告可能会把一种新开发的药品说得天花乱坠，但如果完全没有医学背景的人很难判断这种新药品的实际效果和成功概率。

其次，如果你对行业没有特殊的偏好，那么建议选择朝阳行业，具体而言就是处于快速发展期，容易出牛股的行业，在这些行业里，你的研究成果可以获得更多的关注，也有更大的机会获得更多的派点。反之，谨慎选择夕阳行业，以后想转去买方也会比较困难。

最后，虽然兴趣不是最重要的因素，但也不建议你选择完全不感兴趣的行业。比如之前有朋友问我他适不适合去食品饮料行业，食品饮料行业中最重要的子行业是白酒行业，如果你一点儿都不喜欢喝酒，就很难跟上市公司搞好关系，也难以对产品形成直观的感受。

（4）固定收益组

固定收益组的主要工作是进行债券市场研究，具体研究方向包括利率债、信用债、可转债等。

利率债主要包括国债、地方债、政策性金融债及央行票据，这些债券主要依托国家信用，一般不存在信用风险，因此利率债主要受宏观经济因素影响，10 年期国债也是我们分析债券市场利率水平的"锚"。

信用债由政府之外的主体发行，投资人需要承担信用风险，按照发行人不同可以分为金融类信用债和非金融类信用债，包括短期融资券（CP）、超短期融资券（SCP）、中期票据（MTN）、定向工具（PPN）、企业主、公司债、资产支持证券（ABS）等品种。信用债的信用风险既包括发行主体的违约风险，又包括信用资质和市场情绪变化造成的估值风险。

可转债是一种可以在特定时间、按特定条件转换为普通股票的特殊企业债券。可转债兼具债权和股权的特征，也就是通常所说的进可攻、退可守。分析可转债既要分析可转债价格涨跌与正股的相关性，也要分析可转债的条款和债底。

债券的投资者以银行、公募基金等机构投资者为主，交易场所以银行间场外市场为主，信用债的流动性较弱，利率债的流动性好但票息水平较低。

（5）金融工程组

金融工程组主要进行量化基本面择时、多因子选股、衍生品等方面的研究。金融工程研究员对数理和量化背景的要求较高，分析师一般拥有数学、金融工程、物理、计算机等背景。

（6）基金研究组

基金研究组的主要研究方向包括大类资产定价和配置、基金筛选和分析等。一些研究所会把基金研究和金融工程放在一个组里。随着公募基金和私募基金产品的不断丰富、FOF 和投顾业务规模快速增长，基金研究组的覆盖领域也在不断扩大。

小贴士：

FOF（Fund of Funds）：基金中的基金，是指以其他证券投资基金为投资对象的基金，其投资组合由其他基金组成，FOF 基金资产必须 80% 以上投资于其他基金。根据投资标的的不同，FOF 又可分为股票型 FOF、债券型 FOF、混合型 FOF 等品种。

投顾业务： 是指拥有相关资质的基金投资顾问机构，接受客户委托，按照协议约定向其提供基金投资组合策略建议，直接或间接获取经济利益。根据与客户协议约定的投资组合策略，试点机构可以代客户做出具体基金投资品种、数量和买卖时机的决策，并代客户执行基金产品申购、赎回、转换等交易申请，开展管理型基金投资顾问服务。

（7）港股及海外市场研究

大中型券商研究所也很重视港股及海外市场研究，有专门的团队覆盖港股、美股。

通常来说，海外投行研究所在全球宏观经济和全球大类资产配置方面比国内本土券商更有优势，因为他们在全世界主要地区都有办公室，可以获得全球各个地区宏观经济和热点事件的第一手信息，研究港股及海外市场含金量较高的分析师评选奖项有 Institutional Investor（II）和 ASIA MONEY，目前某些头部研究所也很重视 II 的评选结果。

小贴士：

Institutional Investor（II）：《机构投资者》杂志由 Gilbert EKaplan 先生于 1967 年在纽约创立，创立伊始即迅速成为华尔街投资者不可或缺的月度新闻和分析来源，是全球领先的国际企业对企业出版商，主要报道国际金融领域。其母公司欧洲货币机构投资者集团是伦敦证券交易市场的上市公司，也是富时 250 指数的成员之一。其股票和债券研究评选在全球范围内都具有较大的影响力。

ASIA MONEY：《亚洲货币》是业内领先杂志《欧洲货币》（EURO MONEY）旗下专注于亚洲金融市场的专业杂志，主要面向大型企业、跨国公司 CFO 或司库，以及专业机构如银行、保险、私募基金、对冲基金等，是亚洲历史悠久的全英文金融专业杂志。

2. 分析师技能树

分析师需要具备的核心技能包括经济学基础、财务分析基础、熟练使用计算机工具（除了 Word/Excel/PPT，看 A 股的分析师一般用 Wind，看海外市场的分析师通常用 Bloomberg），有些行业建议拥有相关行业背景，宏观分析师有博士学历是加分项，有些岗位需要有编程基础。我所说的这些技能点是应届毕业生入门的大体要求，大多数经验技能还需要在入行以后在实际工作中不断积累。

1.2　卖方分析师需要具备的素质

自进入金融行业以来，我认识的证券分析师已有三位数，其实每个分析师的个性和成功路径都有其独特之处，但是归纳总结起来，通常以下这些素质能促使分析师走向成功。

1.勤奋

卖方分析师有性格外向的也有性格内向的，有能说会道的也有安静沉稳的，有名校毕业的也有学历普通的，但是，无一例外，勤奋是对卖方分析师最基础的要求。

卖方分析师行业整体工作强度高，如果你想找一份轻松的工作，那么说实话你基本上可以不用考虑卖方分析师这个职位了。加班是常态，尤其是刚入行的几年，你需要时刻关注所覆盖研究领域的各种信息，在年报季和新财富拉票季这些关键时点既要熬夜赶很多报告，也要不断出去路演。当你从行业萌新蜕变成团队骨干或首席后，虽然写报告和整理数据等基础工作可以交给助理，但调研公司、挖掘牛股和客户路演等方面的压力会随之而来。卖方分析师这个行业里到处都是聪明人，要想脱颖而出，成为一名明星分析师，你需要比其他人更勤奋。

2.逻辑思维能力

不管你是看宏观、策略还是看某个行业，进行研究分析都需要通过观察、分析、比较、判断、概括和归纳形成自己的逻辑分析框架，在投资框架下更准确地预测行业和个股趋势，所以较强的逻辑思维能力也是卖方分析师的核心素质之一。当然，逻辑思维能力也可以通过后天努力去不断提高。

3.人际沟通能力

卖方分析师的工作内容有很多，其中很重要的一项就是向机构客户推介行业观点和进行个股推荐，良好的人际沟通能力可以让客户更信任你，更愿意与你沟通。这里需要特别说明的是，我并不认为人际沟通能力等于外向，实际上，不管是内向还是外向的人都可以做好卖方分析师的工作。

优秀的人际沟通能力在于用适合自己的方式跟你的客户保持沟通交流，让行业内重点标的打上你的标签，当买方对你覆盖的行业有需求时，第一时间想到你和发自内心地信任你。

4. 文字表达能力

在跟业内朋友交流时，时不时会听朋友谈及现在卖方研究报告的质量大不如前，把大量精力都用在拉票上了。但我仍然认为，能写出好的研究报告是卖方分析师的核心素养之一，深厚的写作功底可以使你的研究报告可读性更强。如果写一份研究报告让你觉得很痛苦，那么卖方分析师岗位可能不是很适合你。

5. 热爱

如果你想在分析师这条路上走得更远，我认为"热爱"两个字也是必不可少的，热爱自己所覆盖的研究领域，会使你在一遍又一遍重复地路演后不觉得枯燥乏味。在这个行业里流行一个词叫"剩者为王"，实际上，在国内如果做了 5 年以上的卖方分析师，基本上已经是专家了。我认识一些海外分析师，他们甚至可以在一个研究领域工作十几年、几十年，在经历了行业的多轮完整周期后，自己也变成了本行业"行走的活字典"。

6. 其他加分项

如果你想成为一名优秀的分析师，那么以下素质也是加分项：敏锐的观察力、毅力和创造力，可以使你的观点不千篇一律，有亮点吸引客户的眼球，让你在分析师这条路上走得更远。

1.3 卖方分析师的工作日常

接下来我以自己的亲身经历，带领各位读者了解卖方分析师的工作日常。

我知道很多读者都有过券商研究所实习经历，在研究所做实习生和刚入行时，你可能感觉日常工作主要就是找数据和写报告，但其实这只是卖方分析师职业生涯工作内容的一部分。

卖方分析师的工作内容可以概括为三个方面：撰写研究报告（包括整理数据、搭建模型等）、对上市公司进行尽调（尽职调查）和维护与上市公司的关系、与机构客户交流，越资深的分析师后两项工作内容的权重也就越大。

具体而言，刚入行一年以内的证券分析师的工作内容以"体力活"为主，例如：

（1）维护和完成行业日报、周报、月报数据库。

（2）作为团队成员协助完成行业重大事项点评，季度、中期和年度策略报告部分内容，协助或独立完成机构客户的委托课题等。

（3）开始覆盖几家公司，一开始作为助理研究员与首席或资深研究员一起对上市公司进行尽调，然后逐步接手这家公司的相关报告撰写和模型搭建，包括投价报告、季报、半年报、年报、公司重大事项点评等。

（4）维护团队客户通信录，包括微信群和邮件发送列表，协助组织联合调研和进行电话会议，整理会议纪要，协助组织策略会等一系列会议，逐渐认识买方客户，会日常性地与买方客户进行交流和回答相关问题。

（5）对买方客户进行路演，不过建议在刚入行前半年还处于萌新的阶段时，尽量少出去路演，因为人的第一印象是非常重要的，如果给对方留下了"菜鸟"的形象，后面再想纠正过来就难了。

获得一些培训机会和参加公司晨会，建议刚入行的朋友珍惜公司组织的培训机会，等你工作一段时间后就会非常忙碌，再也没有时间参加培训了，而且新员工培训也是跟公司和部门同事建立感情的好机会。

等过了几年，从新手成长为一名高级分析师后，基本上自主安排工作的时间会变多，也不会经常待在办公室里，有些研究员一年之中的大多数时间都在外面尽调和路演，在客户那里碰到他的概率甚至要大于在公司碰到他的概率。

如果遇到你所覆盖的行业有行情的时候就会更加辛苦，需要通过海量报告、电话会议和路演增加曝光机会。如果你所覆盖的行业行情较为清淡，有些研究小组会选择苦练内功，写一些行业深度专题报告，还有一些研究小组会通过更细致、全面的服务获取派点。近年来，买方机构投资者也更加多元化，除了传统的公募基金客户外，保险资管、养老金、社保基金、私募基金、QFII、上市公司投资部门、银行和理财子公司、经纪业务核心客户、公司内部其他部门等都是研究所的服务对象。市场上知名的首席分析师可能手机里存了几千个客户的电话号码和微信号。

当你再经过一段时间的努力，通过内部升职或跳槽，你可能会晋升为首席分析师。首席分析师与高级分析师工作的一大区别在于，首席分析师需要拍板你所在小组对行业和重点覆盖公司的核心观点。即便再勤奋和努力，但如果当年方向看错了，重要牛股没推或推晚了，买方也会用脚投票。对于首席分析师来说，要想在市场上产生影响力，仅践行人云亦云的打法是远远不够的，你需要每年都有一些自己相对其他卖方更有前瞻性或创新性的观点。因此，首席分析师除了与同业和上市公司进行交流，自己也要勤思考，所以，首席分析师看上去好像事务性工作不多，但实际上他们将大量时间用于思考，思考也是非常耗时、耗神的事情。

小贴士：

有些行业处于平稳期，基本上市场所有的卖方分析师观点都高度趋同，在这种情况下，观点差别不大、资历越深的首席分析师越占优势。

1.4　怎样做上市公司尽调

从本节开始，后面连续四节内容将主要介绍证券分析师是如何做上市公司尽调、行业分析、公司基本面分析和财务分析的。

1.尽调前准备

对于分析师来说，对上市公司进行尽调是一条非常重要的获取上市公司信息的渠道。

首先，需要了解尽调对象，主要内容如下。

（1）公司董事长／实际控制人（实控人）：跟一家公司的实控人见面是极为重要的。一家公司的最高领导决定了这家公司发展的上限，他的为人处事和格局对公司发展有着至关重要的影响，通过与他进行交流，你能对公司的整体发展思路和战略发展方向有一个比较清晰的认识。我在评估一家公司时，一个很重要的考虑因素就是看这家公司的实际控制人靠不靠谱，一家优秀的公司也需要有优秀的基因支撑。

（2）公司其他高管：公司管理层是公司发展的顶梁柱，每位高管分管的领域不同，尽调时应该根据他们的分管业务进行提问，问题要有所侧重。

（3）公司董事会秘书（董秘）：公司董秘也属于公司高管，但在这里把他单拎出来是因为董秘可能是跟分析师打交道最多的人，所以，他应对资本市场较为老练，如果你跟他不熟，那么他回答问题可能会比较官方；但是，日常关键信息主要还是通过公司董秘获取的，所以，对于分析师来说，公司董秘是必须搞好关系的上市公司人员之一。

（4）公司董事会办公室其他工作人员：比如证券事务代表（简称"证代"）等，这些人虽然职务没有董秘高，但也是你日常会经常打交道的人。而且如果你从他们职务较低的时候陪伴他们一起成长，那么他们未来获得晋升后也会对你的工作起到积极影响。

（5）一线工作人员：包括公司销售、运营、研发等，通过跟一线人员交流往往能发现一些很重要的信息。

（6）公司合作伙伴和竞争对手：上市公司的合作伙伴和竞争对手往往也是最了解上市公司的人，跟他们聊聊往往会有意想不到的收获。

每次实地或线上调研，参与的尽调对象可能会有所不同。常规而言，接待分析师的一般是公司的董事会秘书和证券事务代表，有时候也可以见到公司的其他高管。如果公司在这段时间里比较重视市值管理，那么董事长、总经理和财务总监等高管也会亲自接待分析师。

其次，我们需要进一步做好尽调前的准备，等把这家公司的经营情况、人事变动、战略格局等都了解清楚后再去进行尽调。在尽调前也需要明确尽调对象的职责，最好再研究一下他的个人履历。

2.尽调技巧

首先，提问要有艺术，有礼貌是最起码的要求，有时候尖锐的问题需要换一种比较委婉或旁敲侧击的方式表述。如果是针对公司的负面舆情或质疑，也要分清场合，建议最好先跟一线员工侧面打听，而不要在人多的时候贸然提出。

其次，要根据尽调对象的具体情况进行提问。比如，如果你面对的是公司董事长，你问公司战略问题，那么他肯定可以滔滔不绝地回答你；但如果你问很细节的报表问题，那么董事长基本上是不了解的，他就会对你的问题产生抵触情绪。所以，我们不要想着一次尽调就可以对公司的全貌了如指掌，很多时候是需要通过长期接触才可以慢慢收集拼凑齐信息的。

再次，每去一家公司调研时，都可以问问他们对竞争对手怎么看，这是一种比较好的策略，往往尽调对象在谈论竞争对手的时候会透露比较真实的信息。

最后，要与尽调对象保持长期联系和合作。市场上有影响力的资深分析师跟所覆盖企业的主要对接人员都保持着比较密切的合作关系。建立联系可以通过逢年过节问候、祝福等多种方式来实现。当你跟尽调对象有了默契以后，你对于他的处事风格自然就比较了解了。如果你跟尽调对象不熟，那么我建议开场先讲讲你对这家公司的一些正面情况的了解，人往往喜欢听夸自己的话，尤其是要夸到关键点上，尖锐的问题可以放在后面问。

1.5　行业分析

　　分析师研究任何一家公司，首先需要对它所处的行业进行分析，脱离行业直接分析公司是不切实际的做法。行业分析的主要目的是通过判断行业的景气度和整体增长水平，给出合理的估值水平，最终给出行业的配置建议。

　　在分析一个行业时，通常会采用自上而下和自下而上相结合的研究方法，并对以下几个方面进行分析。

　　1. 行业整体判断

　　首先要对行业有一个大致的判断，比如它是周期行业还是非周期行业。所谓周期行业，就是受宏观经济周期影响较大的行业。对于周期行业来说，对宏观经济进行分析和预判的重要性会更高。

　　2. 行业政策分析

　　行业政策对整个行业的景气度有着至关重要的影响，比如房地产行业在过去很多年基本上就是随着政策变动而变化的。而行业政策又分为长期、中期和短期政策，研究员需要对政策的时效性进行判断，并分析宏观经济和产业政策会在怎样的程度上影响整个行业的前景。

3.行业需求分析

搭建行业供需模型是行业分析十分重要的一部分。

分析行业的需求端，需要拆解这个行业的下游需求来自哪几个部门和各自所占的比例、行业相对下游需求商的议价能力、下游需求端的未来趋势变动等因素，在对这些影响需求端的核心因素进行一系列合理假设后，得出行业未来几年的需求变动判断。

4.行业供给分析

有些行业是由需求端变动主导的，有些行业是由供给端变动主导的，进行行业供给端分析需要了解行业的上游供应商情况、行业相对上游供应商的议价能力、行业库存和技术研发水平，并对行业产能供应前景和产能利用率进行预测。

5.行业价格和成本分析

在对行业需求和供给端进行对比后，可以大致判断出行业价格走势。接下来，需要对行业的价格和成本趋势进行预测，得出行业未来平均毛利率水平。

6.行业竞争格局

行业竞争格局也是行业分析中必不可少的一部分。有些行业是典型的寡头垄断性质行业，而有些行业的集中度偏低，可以通过波特五力模型进行行业竞争格局分析。波特五力模型提炼出了行业竞争的五种重要因素，分别是供应商的议价能力、消费者的议价能力、来自同一行业的公司间的竞争、潜在进入者威胁和替代品威胁。

7. 行业技术变革

行业技术变革对于分析新兴产业的前景尤为关键，但对一些技术已经非常成熟的传统行业（比如水泥、钢铁等）影响甚微。在对行业技术进行分析时，需要分析行业技术的更新迭代会怎样影响和推动整个行业的发展和改变目前的竞争格局。

8. 资本对行业贡献

对于资本密集型行业来说，需要分析整个行业的融资环境和成本变化，以及资本市场融资对行业发展的影响。

像房地产这种依赖高杠杆运营的行业，融资政策放开、综合融资成本下降都会助推企业扩张和提高利润率；但当融资环境收紧时，行业也会相比于对资本敏感度较低的企业受到更大的冲击。

9. 行业特征和其他因素

在分析完以上八个部分内容后，对整个行业已经有了比较全面地了解，可以判断行业所处的生命周期和归纳行业的主要特征。除此之外，行业中可能会有一些对本行业起到重要影响的特殊因素，比如天气对农产品行业的影响等。

10. 行业当前估值水平和给出行业投资建议

每个行业惯用的估值方法都有所不同，一般采用至少两种常用的估值方法评估行业当前的估值水平，既会考量行业相对整个证券市场的估值水平，也会评估行业在本行业历史估值水平中所处的位置。最后，会根据以上所有的行业分析部分，给出行业投资建议。

1.6　公司基本面分析

在完成行业分析后，接下来进入公司基本面分析。公司基本面分析需要先厘清研究目的，再全方位了解公司股权结构、实控人和管理层等基本信息，对公司所处行业进行研究，分析公司的盈利模式和增长点，进行财务分析和潜在风险因素评估，最后给出盈利预测和估值水平。

1.研究目的

在开始进行公司基本面分析前，首先要自问："研究这家公司的目的是什么？"

不要小看这个问题，研究目的不同，分析公司的角度也会发生变化。

如果你研究公司是为了购买股票并在中、短期内抛售，那么你的关注点会放在中、短期的盈利增长点和驱动因素方面；如果你研究公司是为了投资公司发行的债券，那么公司现金流情况和偿债能力分析会被放在更重要的位置上；如果你研究公司是为了做一级市场股权投资，那么你会着重分析这家公司长期的成长性、管理层的能力和估值的安全边际。

举个例子，就像我在 2021 年年初在知乎上回答一个关于贵州茅台股票问题时说过的那样：

"首先明确一个概念：好公司不等于永远是好股票。贵州茅台无疑是中国优秀的上市公司之一，有足够宽的品牌护城河，ROE 长期稳定在 25% 以上，白酒行业头部集中度提升明显。贵州茅台具有极强的议价能力，预计出厂价将继续提升。近年来。贵州茅台注重搭建直营渠道，公司收入和利润稳健增长。但是，好的公司不代表股价永远会上涨。"

所以，从 2021 年年初来看，贵州茅台的估值水平高，后续的催化剂并不多，股价出现调整也是正常现象。

2.公司概况

在明确研究目的之后，需要对公司进行全景扫描，包括以下几个方面。

（1）它是做什么的？有些公司有几大板块主营业务，要梳理每一板块业务的营业收入和净利润占比。

（2）公司的历史沿革是怎样的？一家企业的发家史是了解这家企业的重要切入口，优秀的企业会传承优秀的基因，看看企业的实控人在行业关键周期时点做出了怎样的决策、过往是怎样和投资者打交道的。

（3）公司的股权结构是怎样的？有些公司的股权结构较为分散，导致公司无实控人。虽然无实控人并不一定是坏事，但在关键时点会给公司的经营带来不确定性。

（4）公司实控人的背景是怎样的？实控人为央企和国企背景的相对较为简单，为民企背景的则需要更为谨慎，需考虑民企实控人是怎样的行事风格，有没有带领公司不断攻坚克难的能力。更为细致的分析还包括实控人配偶、子女等情况，这些也可能成为潜在的风险点。

（5）公司的管理层能力怎样？可以通过查询公司管理层的履历来获取蛛丝马迹，公司高管人员是否频繁变动也会从侧面反映这家公司的经营稳定性。

（6）其他重要信息：在企查查等网站上查看公司的负面舆情信息，查看监管有没有给公司发问询函（交易所问询函的水平还是相当高的）、会计师事务所是否频繁变动和公司最近一段时间有什么对股价的诉求（比如近期拟发行股权激励、定增、限售股解禁等）等。

3.行业分析

在 1.5 节中已经详细介绍了行业分析部分，此处不再赘述。需要提醒大家的是，有些多元化经营的企业可能会涉及几个细分行业，比如通威股份同时涉及光伏和饲料板块，也要了解一下这家公司多元化经营的原因。公司进行多元化经营是起到促进或协同的作用（比如产业链一体化经营可以最大化地节约整个产业链条上的成本），还是会拖累公司的发展（不少公司就是在走上多元化经营道路之后走向衰退的）。

4. 盈利模式和竞争优势

怎样判断一家公司是否有好的盈利模式？

可以通过如下几个方面进行分析。

（1）这家公司所属行业的盈利模式是怎样的？即行业内的企业是怎么赚钱的？这里又可以分为以下几种情况。

如果行业已进入成熟期，可以分析行业内排名第一的企业的盈利模式是怎样的。

如果行业在国内还处于起步阶段，可以看看海外市场同一行业的发展情况。值得注意的是，在进行海内外比较分析时切记不可生搬硬套，同一行业在国内和海外可能会因为政策环境等因素的不同演绎出完全不同的结果。

如果这家公司的盈利模式无论是在国内还是在海外都是创新且独特的，那么需要分析这种盈利模式和竞争优势的可持续性。我们买股票是在买这家公司的未来，如果这家公司的盈利模式不具有可持续性，那也注定只能是昙花一现。在现实情况中，很多中小企业都会面临盈利不可持续增长的瓶颈。

（2）在进行盈利模式和竞争优势分析时，经常会听到"护城河"这个概念。一家企业的护城河可能是产品的议价能力强，可能是品牌壁垒或技术壁垒，也可能是规模优势等。但这里要注意的是，有些护城河并不是坚不可摧的，可能所谓的竞争优势只是昙花一现。这就衍生出一个新的话题：从盈利模式和竞争优势的分析中我们可以看到，有些行业里的一些公司更容易占据竞争优势，这就是常说的阿尔法行业；有些行业赚的是辛苦钱或者经济周期的钱，比如建筑行业和商贸行业，有些盈利模式甚至是有瑕疵的或者受各种经济变量影响极大，比如我个人认为航空公司的股票只适合在特定时期短期持有，航空公司的盈利非常容易受到宏观经济周期、油价、安全事故等诸多因素的影响。

（3）盈利模式的好与坏并非一成不变，技术进步与迭代、产业政策变化等都会给盈利模式带来翻天覆地的变化。

5. 盈利增长动力和驱动因素

公司的盈利增长动力是分析公司中、短期股价是否有上涨空间的重要依据。然而，有一类上市公司的股价安全边际较高，但是公司基本面长期没有催化剂，所以股价的表现常年弱于大盘。我在做卖方分析师的时候还真的抱着满腔期望去调研过好几家这一类型的公司，但都铩羽而归。由此我得出结论：如果你投资股票是想赚取明显的超额收益，那么还是不要考虑这类公司，除非它分红派息非常有吸引力，对于一些偏好长期稳定性的投资人来说，可以把这类公司当作类固收资产持有。

再说回盈利增长动力的话题，我们常见的盈利增长动力包括以下几个因素。

（1）产能释放带来收入和盈利增长。这里特别提醒大家的是，产能扩张通常不是一家企业的独立行为，而是整个行业的一致选择，包括新加入的竞争者也在不断扩大产能。产能释放很有可能造成供给过剩，从而导致产品价格下跌（典型的有生猪养殖行业），所以，在进行行业分析的时候，供给端分析是必不可少的环节。产能从投入到产生效益需要一个时间过程，这也是我们需要考虑的因素。

（2）价格上涨带来盈利增长。比如高端白酒行业的涨价、房价上涨等都会带来企业盈利能力的提升。在预测价格上涨时，也要考虑到价格上涨的可持续性。

（3）成本下降带来盈利增长。企业可以通过一体化经营等方式降低成本。对于处于周期行业的公司来说，原材料成本下降对公司盈利增长的作用是十分显著的。

（4）其他盈利增长动力。包括期间费率（管理、销售或财务费用）下降、周转速度加快、新产品进入收获期、获得投资收益等。

6. 公司财务分析

公司财务分析包括对资产负债表、利润表和现金流量表进行评估，尤其是对变动较大的异常项需要结合企业所处的发展阶段分析其成因，看看三张表的钩稽关系是否有冲突或不合理的地方，还包括对行业通用的重点财务指标进行纵向和横向分析，这部分内容将在下一节中专门介绍，这里不再赘述。

7. 风险因素

做任何投资都可能会遇到风险，但是我们不会因为一个标的有风险就不去投资它，正确的做法是在充分评估这家公司的各种潜在风险后再去投资，所以，没有讲清楚风险因素的报告不会是一份优秀的研究报告。

整体而言，股票标的风险因素可以归纳为两个方面：行业风险和公司风险。

（1）行业风险

企业所处的行业有其自身的运作规律和特征，行业周期、政策、市场供求的变化都会对企业的未来盈利造成影响。比如，养猪行业除了其他行业面临的各种风险，还怕各种天灾人祸，如非洲猪瘟等。

（2）公司风险

除了行业共性问题，每家公司作为独立的主体，也有其个体方面的风险，在进行公司风险分析时要抓住关键问题，一针见血。比如企业在股权和治理结构上的缺陷，有可能就是一个潜在的"雷点"；还有公司在发展过程中背负的历史"包袱"、严重依赖下游大客户导致的回款风险等都是需要考虑的因素。

既然有向下的风险，也同时存在向上的风险，向上的风险也就是通常所说的股价催化剂。除了正常的盈利驱动，一些关键因素发生变化也将会导致标的出现买点或卖点。

8.盈利预测和估值

行业分析师在进行盈利预测时，会搭建重点覆盖公司的盈利预测模型，但业内人都知道，模型中的很多假设也都是基于过往数据或经验值得来的。我认为券商的盈利预测模型和估值结果的最大作用在于让你对企业的"安全边际"在哪里有一个大致了解。

在盈利预测模型中，通常也会做情景假设和敏感性分析，这有助于理解当关键因素发生变化时将会对企业的盈利造成怎样的影响，比如，当原材料价格超出预期上涨 10%、15%、20% 时对盈利变动的影响。

接下来进入公司估值环节。分析师在给出一家上市公司的估值预测时通常会通过绝对估值法和相对估值法相结合的方式，判断标的在当前股价情况下是否是好的买点。

绝对估值法中最常见的是 DCF（Discounted Cash Flow，现金流折现）法，其原理就是将公司在未来所能产生的自由现金流（通常要预测 15 ～ 30 年）根据合理的折现率（WACC）折现，得到该公司当前的价值，如果该折现后的价值高于股票当前价格，就证明当前股价处于被低估的状态。DCF 法需要对一些关键参数（比如增长率、WACC 等）进行合理选取和假设。

相对估值法中分析师运用得比较多的有 PE 法、PB 法、PEG 法。

（1）PE 法。常用的相对估值方法，主要用于短期定价，通过行业平均市盈率或历史市盈率确认公司的合理估值水平。其缺点是受可比样本和市场情绪的影响较大，强周期行业遇到熊市时 PE 法会失效。

（2）PB 法。通常适用于重资产行业，比如银行、钢铁等行业，可以反映企业盈利受经济周期波动的影响，当企业盈利为负值时也可以使用。其缺点是根据账面价值进行估值，忽略了资产的质量区别，对企业盈利能力的体现也不充分。

（3）PEG 法。适用于成长性较好的公司，比如处于热门赛道的一些新能源、TMT 企业，相比 PE 法，它可以更好地反映企业未来业绩的成长性。

通过盈利预测和估值水平的评判，我们会对这家企业"能不能购买"这个问题得出自己的答案。好公司不等于好股票。如果一家公司的估值水平不合理，那么不妨耐心等一等。

1.7　公司财务分析

在本节中将对公司财务分析进行专题介绍。我先提几个公司财务分析的注意事项。

（1）需要了解给这家公司出具审计报告的会计师事务所是哪家，是大所还是小所，最近几年公司是否频繁更换会计师事务所及背后的原因是什么，会计师事务所是否出具了"标准无保留"的审计意见。了解这些情况有助于我们评估标的财务报表的可靠性，尤其是对于非上市公司而言。

（2）如果是集团公司，那么报表一般分为合并口径报表和母公司报表。如果要分析债券主体，那么我们不仅要看合并口径报表，也要拆开看母公司报表。有些集团会出现"子强母弱"的情况，母公司很有可能只是"壳公司"，要通过拆分报表了解公司的核心资产究竟放在哪里。

（3）即使公司的财务报表经过审计，依然存在造假的可能性。上市公司的财务报表造假偶有发生，比如曾经的牛股康美药业等。大多数造假局外人很难甄别，这也是证监会要保护小股东权益的原因，但是我们还是可以基于行业的常识察觉到上市公司财务报表背后的猫腻。

说完注意事项，接下来聊一聊公司资产负债表、利润表和现金流量表。

1.7.1　资产负债表

资产负债表的官方定义为：反映企业在某一特定日期（如月末、季末、年末）全部资产、负债和所有者权益情况的会计报表，是企业经营活动的静态体现，根据"资产 = 负债 + 所有者权益"这一平衡公式，依照一定的分类标准和一定的次序，将某一特定日期的资产、负债、所有者权益的具体项目予以适当的排列编制而成。

所以，资产负债表反映的是公司在某个时点的静态数据，其遵循的公式就是：资产 = 负债 + 所有者权益。

1. 资产

（1）流动资产

资产负债表中的资产按照流动性分为流动资产和非流动资产。流动资产就是较容易变现的资产，按照可变现的容易程度排序主要包括以下几类。

1）货币资金：包括现金和银行存款。如果货币资金中受限制的银行存款金额较大，则要分析其成因。

2）交易性金融资产：企业持有的以公允价值计量且其变动计入当期损

益的金融资产，包括以交易为目的持有的债券、股票、基金等投资。

3）应收票据：企业因销售商品、产品、提供劳务等而收到的商业汇票，包括银行承兑汇票和商业承兑汇票。

4）应收账款：企业因销售商品、产品、提供劳务等经营活动应收取的款项。应收账款是流动资产中需要重点关注的科目之一。对于应收账款占比较大行业的企业，需要查看应收账款明细，分析账龄结构。如果一家企业的应收账款相对行业平均水平明显偏高或者相比近年来占比飞速攀升，需要特别关注。

5）预付款项：企业按照购货合同规定预付给供应单位的款项。

6）其他应收款：有些企业尤其是建筑类公司的其他应收款金额较大，需要通过查看财务报表附注了解情况。

7）存货：企业在日常活动中持有以备出售的产成品或商品、处在生产过程中的在产品、在生产过程或提供劳务过程中耗用的材料和物料等。这是需要重点关注的科目之一。对于一些行业（比如房地产行业）来说，存货在理论上决定了它未来的可售价值，但很多存货并不容易变现，所以，需要关注企业的存货周转情况。

8）一年内到期的流动资产、其他流动资产：上述没有包含的一些流动资产统一归在此科目项下。

（2）非流动资产

非流动资产，顾名思义，就是流动性较弱的资产。如果企业真的还不了钱，需要拿资产抵债时，那么需要掂量一下非流动资产的处置难易程度（很多资产虽然放在流动资产科目项下，但也可能不好处置）。

1）长期应收款：核算企业融资租赁产生的应收款项和采用递延方式分期收款、实质上具有融资性质的销售商品和提供劳务等经营活动产生的应收款项。在一些建筑、城投企业中，长期应收款科目下的金额较大，需要分析其原因。

2）长期股权投资：企业持有的采用成本法或权益法核算的长期股权投资。

3）投资性房地产：财务报表附注会标注投资性房地产是采用成本法还是公允价值法计量的。对于主营业务为商业地产的上市公司来说，投资性房地产是需要重点关注的科目之一。

4）固定资产：重资产行业重点关注科目之一。对于重资产行业公司，需要特别关注它的会计政策（折旧方法等）是否合理及是否发生变动，因为折旧方法的变动可能会影响到企业当期净利润。

5）在建工程：已开始施工但尚未竣工或虽已竣工但尚未移交使用的工程的价值。

6）无形资产：企业拥有或者控制的没有实物形态的可辨认非货币性资产，包括专利权、非专利技术、商标权、著作权、土地使用权等，是重点关注科目之一。对于无形资产金额较大的企业，要分析其形成的合理性。

7）开发支出：企业内部研究开发项目开发阶段、满足一定条件的支出。针对医药、高科技等企业，需要重点关注该科目。

8）商誉：核算非同一控制下企业合并中取得的商誉价值。合并成本大于合并中取得的被购买方可辨认净资产公允价值份额的差额，应当确认为商誉。这同样是需要重点关注的科目之一。商誉一般发生在并购重组过程中。前几年不少企业为了做大市值，做出了一系列收购行为，导致商誉虚高。

9）其他非流动资产：未归在以上科目里面的非流动资产。

2.负债

与资产端相对应，负债也分为流动负债和非流动负债。简单来说，欠别人的钱肯定越晚还越好，所以，一家公司如果流动负债占比过高并不是一件好事。

（1）流动负债

1）短期借款：核算企业向银行或其他金融机构借入的期限在一年以下（含一年）的借款，负债端重点关注科目之一。除了金额和占比，还要评估短期借款的平均融资成本。

2）交易性金融负债：核算企业持有的以公允价值计量且其变动计入当期损益的金融负债和直接指定为以公允价值计量且其变动计入当期损益的金融负债。

3）应付票据：企业进行材料购买、商品购买和接受劳务供应等事项时所开出和承兑的商业汇票，包括商业承兑汇票和银行承兑汇票。

4）应付账款：企业因购买材料、商品和接受劳务供应等经营活动应支付的款项。在评估企业的负债情况时，通常会统计它的刚性负债，也就是有确定债权债务关系的负债。而应付账款发生在企业购买原材料等环节，不属于刚性负债，所以，应付账款较高也从侧面说明公司的议价能力较好。

5）预收款项：企业按照合同规定向购货单位预收的款项。从定义中可以看到，本科目实际上反映企业未来将要获得的收入而不是负债，像我国房地产行业采用预售制，预收款项越高代表未来将要确认的营业收入越高，业绩确定性更大，所以，在计算房企资产负债率的时候也要剔除预收款项。

6）应付职工薪酬：顾名思义就是企业要付给职工的薪酬，从数据的绝对金额值和变动情况可以看出企业工资变化。

7）应付税费：核算企业按照税法规定计算应缴纳的各种税费。

8）长期应付款：反映资产负债表日企业除长期借款和应付债券以外的其他各种长期应付款项的期末账面价值。如果金额占比较大，则需要进行成因分析。

9）其他流动负债：未归在以上科目里面的流动负债。

（2）非流动负债

1）长期借款：企业向银行或其他金融机构借入的期限在一年以上（不含一年）的各项借款，负债端重点关注科目之一。除了金额，同样需要关注长期借款的平均融资成本。

2）应付债券：企业为筹集长期资金而发行的债券本金和利息（发行一年期及一年期以内的短期债券，在"交易性金融负债"科目里核算），负债端重点关注科目之一，通过本科目还可以得到直接融资／间接融资的占比。

3）长期应付款：企业除长期借款和企业债券以外的其他各种长期应付款项，包括以分期付款方式购入固定资产和无形资产发生的应付账款等。

4）预计负债：企业根据或有事项等相关准则确认的各项预计负债，包括对外提供担保、未决诉讼、产品质量保证、重组义务及固定资产和矿区权益弃置义务等产生的预计负债，如果金额较高或者发生较大变动则需要引起关注。

5）其他非流动负债：未归在以上科目里面的非流动负债。

3. 所有者权益

所有者权益部分对于大多数企业来说都是较为简单明了的。针对一小部分企业，需要关注公司是否把一些明股实债的负债归到所有者权益科目里（比如假永续等）。

（1）实收资本：企业接受股东投入企业的实收资本。如果一家企业的实收资本小于注册资本已经持续了一段时间，则需要分析缘由，最差的情况可能就是股东没钱了。

（2）其他权益工具持有者投入资本：正如前文所述，一些永续债权被计入本科目，需要重点关注。

（3）资本公积：企业在经营过程中由于接受捐赠、股本溢价及法定财产重估增值等原因所形成的公积金。

（4）盈余公积：企业从税后利润中提取形成的、存留于企业内部、具有特定用途的收益积累。

（5）未分配利润：企业留待以后年度分配或待分配的利润。

（6）少数股东权益：重点关注科目之一，少数股东权益占比较高对企业经营来说是一把"双刃剑"。

1.7.2　利润表

利润表展示了一个时间段内企业的报表情况，利润表在财务报表中既重要又没那么重要。这句话可能听上去有些拗口，我想表达的意思是：说利润表重要，是因为在评估一家公司的股票值不值得买入的时候，企业净利润数据是做出判断的重要依据之一；说利润表没那么重要，是因为利润表中的数据可能是粉饰的，很多时候，并不能通过它判断出企业的真实运营情况，比如有些企业直到出现违约的时候，其近三年一期的利润表照样看起来很完美，所以，需要将三张财务报表结合起来判断企业真实的财务状况。

接下来看一下利润表里有哪些重要的科目。

1. 营业收入

重点关注科目之一，营业收入是指在一定时期内，商业企业销售商品或提供劳务所获得的货币收入，其又可以分为主营业务收入和其他业务收入。

营业收入科目是按照企业的收入准则确认的经营性收入，它跟企业的经营性现金流量情况并不完全一致，建议将营业收入与企业经营性现金流量对照来看，从而进行交叉验证。

看企业的财务报表一般要看近三年一期或近五年一期的财务报表，关注企业的主营业务收入变化情况。

2. 营业成本

重点关注科目之一，与营业收入相对应，是指在一定时期内企业销售商品或者提供劳务的成本。

通过营业收入和营业成本相减，可以得到一个非常关键的指标——毛利率。需要纵向和横向分析企业自身毛利率变动情况，评价同行业平均毛利率，企业当前毛利率处于怎样的水平。

3. 税金及附加

核算企业经营活动发生的消费税、城市维护建设税、资源税和教育费附加等相关税费。

4. 销售费用

重点关注科目之一，即俗称的"三费"中的销售费用，是指企业在销售产品、自制半成品和工业性劳务等过程中发生的各项费用。

销售费用属于期间费用，在发生的当期就计入当期的损益。一般会用"销售费用÷营业收入"来评估这家公司在营销方面的投入，看销售费用率是否合理时要关注企业所在的行业属性，比如护肤品、化妆品行业的销售费用肯定少不了，但在某些行业中，如果销售费用率明显高于其他可比竞争对手，就要引起投资者的关注。

5. 管理费用

重点关注科目之一，有些公司会把管理费用和研发费用放在一起核算。如果一家企业以高效管理著称，那么它的管理费用率在理论上应该呈现下降态势。

6. 财务费用

重点关注科目之一，是指企业为筹集生产经营所需资金等而发生的费用，包括利息支出（减利息收入）、汇兑损失（减汇兑收益）及相关的手续费等。财务费用科目还要与企业的资产负债表结合来看，企业财务费用率呈现下降态势是企业融资成本下降的信号。

7. 投资收益

核算企业根据长期股权投资准则确认的投资收益或投资损失。企业根据投资性房地产准则确认的采用公允价值模式计量的投资性房地产的租金收入和处置损益，也通过本科目核算。如果这项金额比较大则需要分析其成因。对于有些金控平台类的企业来说，这项收益还是很重要的利润组成部分。

8. 资产减值损失

核算企业根据资产减值等准则计提各项资产减值准备所形成的损失。
资产减值准备的计提具有比较大的主观性，所以对于商誉、无形资产、固定资产占比较大的公司，需要看一下企业计提的资产减值损失是否合理，并且可以通过现有的资产减值损失判断企业资产的实际质量。

9. 公允价值变动收益

核算企业在初始确认时划分为以公允价值计量且其变动计入当期损益的金融资产或金融负债（包括交易性金融资产或金融负债和直接指定为以公允价值计量且其变动计入当期损益的金融资产或金融负债），以及采用公允价值模式计量的投资性房地产、衍生工具、套期业务中公允价值变动形成的应计入当期损益的利得或损失。

10. 营业利润

营业利润是指企业从事生产经营活动取得的利润，是企业利润的主要来源，体现了企业利润总额中有多少是由主营业务带来的。

11. 营业外收入

营业外收入是指与生产经营过程无直接关系，应列入当期利润的收入。营业外收入通常具有不可持续性，比如政府补贴等，所以，如果我们想判断一家企业未来的经营能力，一般会扣减营业外收入这一部分。如果此项金额较大，则需要分析师特别关注。

12. 所得税费用

企业经营利润应缴纳的所得税。

13. 净利润

重点关注科目之一，在分析一家企业时会关注企业营收增速和利润增速是否出现了很大的背离。

14. 基本每股收益和稀释每股收益

重点关注科目之一，基本每股收益的计算公式是属于普通股股东的当期净利润除以发行在外普通股的加权平均数。

稀释每股收益是以基本每股收益为基础，假设企业所有发行在外的稀释性潜在普通股均已转换为普通股，从而分别调整归属于普通股股东的当期净利润及发行在外普通股的加权平均数计算而得的每股收益。如果没有潜在会被稀释的普通股，则稀释每股收益应该等于基本每股收益。EPS（Earnings Per Share，每股盈余）是评判企业估值的重要指标之一。

1.7.3　现金流量表

现金流量表，顾名思义，就是反映企业在一个时间段内现金和现金等价物流入和流出情况的报表。

很多人在进行上市公司财务分析的时候其实都不怎么看现金流量表，但它在判断企业的财务状况时却起到至关重要的作用，因为它可以直观地反映企业的真实现金流情况。我们都知道，一家企业出现利润上的亏损仍然可以正常经营，但如果它的现金流断了，就会导致企业经营陷入实质困境。很多企业出事都是因为资金链断裂。现金流量表的重要性还体现在它最不容易被人为操控，可以一目了然地反映企业实际上收了多少钱、付出多少钱。

现金流量表主要分为三大部分：分别为经营活动产生的现金流、投资活动产生的现金流和筹资活动产生的现金流，这也是一家公司持续经营需要做好的三件事：通过销售产品获得现金、通过投资使企业进一步发展壮大、通过筹资维持企业的正常运转。

1.经营活动产生的现金流

经营活动产生的现金流入主要包括销售商品或提供劳务收到的现金、收到的税费返还和收到的其他与经营活动有关的现金。

经营活动产生的现金流出包括购买商品或接受劳务支付的现金、支付给职工及为职工支付的现金、支付的各项税费和支付的其他与经营活动有关的现金。

在实际运用中，应重点关注经营活动产生的现金流净额的横向和纵向变化情况。如果一家企业经营活动产生的现金流净额为负，或者最近由正转负，需要引起关注；当然，如果企业经营活动产生的现金流净额由负转正，则对企业经营释放了积极的信号。

此外，应对经营性现金流净额和归母净利润进行比较，两者的差距有可能是因为营运资金，也有可能是因为会计上对折旧和资本开支的处理。通过比较，可以评估出这家企业净利润的可持续性和含金量。

2. 投资活动产生的现金流

投资活动产生的现金流入包括收回投资收到的现金，取得投资收益收到的现金，处置固定资产、无形资产和其他长期资产收回的现金净额，处置子公司及其他营业单位收到的现金净额，以及收到的其他与投资活动有关的现金。

投资活动产生的现金流出包括购建固定资产、无形资产和其他长期资产支付的现金及投资支付的现金等。

在实际运用中，我们会重点关注投资活动产生的现金流净额。如果企业购建资产现金流增速呈现上升态势，则可能说明企业看好未来的发展，准备扩大产能，提高营收增速；但同时要分析企业的经营质量和行业未来的变动趋势，如果盲目地扩张也可能导致现金流紧张。

3. 筹资活动产生的现金流

企业筹资活动既可以通过债权也可以通过股权形式实现。

筹资活动产生的现金流入包括吸收投资收到的现金、借款收到的现金和收到的其他与筹资活动有关的现金。

筹资活动产生的现金流出包括偿还债务所支付的现金，分配股利、利润或偿付利息支付的现金，以及支付的其他与筹资活动有关的现金。

在实际运用中，应重点关注筹资活动产生的现金流净额。如果企业筹资活动产生的现金流净额一直较大，但经营活动产生的现金流净额持续为负，说明这家企业主要是靠外部输血而不是内部造血得以生存的，需要引起投资者的特别关注。

总体而言，分析现金流量表的主要目的在于评估风险：这家企业的经营是否具有可持续性和发现潜在的风险，现金流充沛尤其是内部造血功能较强的企业更让投资者放心。但同时也应该辩证地看问题：现金流不佳并不代表这家企业一定会出问题，既要结合企业所处的行业和周期进行判断，也要结合资产负债表和利润表进行交叉验证。

1.7.4　财务指标分析

梳理完企业的资产负债表、利润表和现金流量表，接下来进入财务指标分析环节。企业的财务指标数量众多，多达上百个，但在实际操作中，更多地要根据自己的研究目的，分析核心指标的变化趋势，化繁为简，抓住重点。

本节将重点介绍二级市场权益投资普适性的重要财务指标。

1. ROE

ROE 即净资产收益率，计算公式为净利润 ÷ 平均股东权益，用来衡量股东投进去的钱可以创造出多少收益。

从长期来看，企业股价上涨最终要依靠企业创造价值的不断增长。如果一家企业的营收增速很高，但体现到 ROE 上却是长期微利并且没有改善的迹象，那就不是值得股东长期持有的好公司。

分析 ROE 组成的经典方法是杜邦分析法。

$$ROE = 资产净利率 \times 权益乘数$$
$$= 销售净利率 \times 总资产周转率 \times 权益乘数$$

从上述公式中可以看到，一家企业想获得较高的 ROE 水平，可以通过三个方面的努力来实现。当然，在多数情况下，这三个方面的作用是互相叠加的。

（1）取得较高的销售净利率

$$销售净利率 = 净利润 \div 销售收入$$

$$销售毛利率 = （销售收入 - 销售成本）\div 销售收入$$

一般来讲，销售净利率高的企业，销售毛利率都不会低。这类企业在产业链上、下游往往有较强的议价能力，拥有技术壁垒、品牌优势或其他核心竞争力，比如持有独家专利的医药企业和高端白酒公司。

（2）拥有较强的资产周转效率和资产运营能力

$$总资产周转率 = 销售收入净额 \div 平均资产总额$$

大多数行业里的上市公司要想实现寡头垄断是非常困难的。对于很多企业来说，战胜其他企业的法宝之一就是具有更强的资产周转效率和资产运营能力。

（3）加杠杆，通过举债融资提高 ROE 水平

$$权益乘数 = 资产总额 \div 股东权益总额$$

$$=1+（负债总额 \div 股东权益总额）$$

$$=1 \div （1 - 资产负债率）$$

企业通过加杠杆来提升 ROE 水平是需要重点关注、辩证来看的问题。

不少企业最终败于高杠杆运营导致的资金链断裂。因此，分析加杠杆手段是否可行，要判断企业所在的行业处于行业周期的什么位置、行业的融资环境和企业的融资渠道是否畅通。

比如，当房地产行业处于上升期时，如果融资政策边际宽松 + 融资成本低、融资渠道畅通，那么显然加杠杆的模式会使企业比其他在加杠杆方面保守的企业获得更多投资人的青睐；但当房地产行业周期向下时，高杠杆的民营房企杀估值就非常厉害，甚至很多民营房企在勉力支撑后还是爆雷违约。

2. ROIC

ROIC 也称投入资本回报率、投资资本回报率，ROIC=NOPAT÷IC，即投资资本回报率 = 税后净经营利润 ÷ 投资资本。

ROIC 相比 ROE 的优点在于其剔除了杠杆、非经常性投资损益、超额现金的影响，可以更真实地反映一家企业的长期盈利能力，所以在进行财务分析的时候，很多投资人会用 ROIC 代替 ROE 来评估一家企业的赚钱能力。

不管是分析 ROE 指标还是分析 ROIC 指标，不仅要看绝对数值，也要关注趋势变动。比如有些企业虽然 ROIC 在历史上一直处于较低水平，但如果发现它逐季出现边际改善，或许会是一个买入信号。

3. 其他需要关注的财务指标

财务指标大致可以分为资产流动性指标、偿债能力指标、资产管理指标、盈利能力指标和发展能力指标五大类别。

（1）资产流动性指标

资产流动性指标包括现金比率、速动比率、保守速动比率、流动比率、现金流量比率等。

教科书上可能会讲到最佳比率是在哪个数值之上，但在实际应用中还是要结合企业所处行业和企业自身情况进行分析。在进行债券投资分析，尤其是在投资一些短久期债券的时候，往往会更重视此类指标。

（2）偿债能力指标

偿债能力指标包括资产负债率、现金流量充足率、利息保障倍数、长期负债 / 短期负债、刚性负债占比等。偿债能力指标在进行债券分析时比进行股票分析更为重要。我们看偿债能力指标需要观察公司所在行业的平均水平，如果企业负债明显高于行业平均水平，就需要引起我们的关注。

（3）资产管理指标

资产管理指标包括存货周转率（存货周转天数）、应收账款周转率（应收账款周转天数）、总资产周转率、营业周期等，这类指标主要用于衡量企业的资产运营能力。

（4）盈利能力指标

盈利能力指标包括毛利率、销售净利率、期间费用率、ROA、ROE、ROIC 等。

顾名思义，盈利能力指标主要用于评估企业的赚钱能力，在进行股票的财务分析时会重点拆解毛利率等指标。

期间费用率，也就是销售费用率、研发费用率、管理费用率和财务费用率之和，也是盈利能力指标中的重要指标，通过费率的变动情况和绝对数值，可以评估企业在研发上的投入情况、企业的管理能力和融资能力。

（5）发展能力指标

发展能力指标包括营业收入和净利润增速、经营性现金流净额增速、资本积累率等，同样也是资本市场重点关注的指标。对于这几个增速，需要通过交叉验证来判断企业的增长是否是健康和可持续的。

1.8　卖方分析师的职业发展路径

卖方分析师行业流动性很大，可选择的职业发展路径比较多元化。我工作多年，见证了行业内分析师的变化更替：业内跳槽基本上每年都会频繁发生，也有人跳出卖方分析师行业，还有人跳回这个行业。归纳来讲，卖方分析师的职业发展路径主要有以下几个方向。

1. 深耕行业，做一个有市场影响力的首席分析师

应届毕业生入行后会先从助理分析师做起，工作几年有一定的经验后会升为高级 / 资深分析师，之后通过跳槽或内部晋升可以升职为首席分析师带团队，每组人数从一两人到十几人不等。现在卖方主流的考核方式是派点和新财富排名，也有些券商研究所定位于对内服务，做得好不好就没有市场化机构那样公开、透明。

关于何时该跳槽是一个见仁见智的问题，在这里可以分享几则故事。

（1）如果你的首席分析师跳槽了（去买方或实业），并且你已经是团队里经验最丰富的高级分析师，那么对你来说，这种情况既是机遇也是挑战。我见过做得好的分析师在入行一年半后就快速升任为首席分析师，但如果你不能撑起团队的发展，那么所长也可能会从外部招一个首席分析师，作为老人就容易受到排挤了。

（2）如果你在组内与首席分析师不和（这种情况在卖方分析师行业时常发生，毕竟这个行业的竞争和压力都是很大的），要么选择忍，要么选择走。我觉得卖方分析师行业的一大优势是只要你有能力，跳槽是很容易的事情，所以我们经常会看到在某家券商那里被打压的分析师，在其他券商那里做得风生水起，并且可以跟之前的老板分庭抗礼的情况发生。

（3）如果你所在的券商更看重派点考核，那么覆盖市值较大、基金重仓股较多的行业会更占优；如果你所在的券商更看重新财富排名，其实有些小行业竞争不激烈，更容易获得一个稳定的新财富排名位次。

2. 跳槽二级市场买方做投研

卖方分析师跳槽的另一大选择是去二级买方。如果是工作五年以内的卖方分析师跳槽去买方，则一般会从买方研究员做起，如果你推的股票比

较准确，受到公司的认可，后续的晋升路径通常是先晋升为基金／投资经理助理再被任命为基金／投资经理；也有少数分析师会选择一直做研究员成为行业专家；另有一些有市场影响力的首席／资深分析师跳槽去买方直接从研究总监或基金经理做起。

需要注意的是，跳槽去二级买方，不同类型的机构薪酬和职业发展前景也是不一样的。公募基金和券商资管相对比较市场化，但也需要了解这家公募基金的投资风格是否跟你覆盖的行业较为匹配；如果可以实现券商内部的转岗也是一个不错的选择，至少对内部人员和架构较为熟悉；私募基金更适合资深的卖方分析师跳槽，如果积攒了一定的客户可以直接发产品；保险资管更看重长期业绩回报；其他机构也要根据具体情况进行评估。

这里再多说一句，如果你准备去买方做投研，那么在卖方做分析师的时候，不仅要专注于本行业的研究，对宏观、策略和其他行业也要触类旁通地进行自学才能更好地了解市场。一个优秀的卖方分析师并不一定是一个优秀的投资人员，大牛卖方分析师投身买方后业绩遭遇滑铁卢的事情也是见怪不怪的；同理，也有卖方分析师虽然在卖方时默默无闻，但做投资后却大放异彩。

3. 投奔实业

投奔实业也是在实业前景向好的几年里不少资深卖方分析师的选择之一，比如去做董秘或证代，或者去实体企业的战略投资部门等。在这里为什么特别备注是"前景向好"的时期？因为从 2020 年开始，实业受到客观环境影响，行情并不乐观，跳槽到实业的人数有所下降，甚至有些卖方资深人士出走实业后又回归了金融行业。其实在很多时候，"运气"这个词在职场中有着举足轻重的作用，赶上好时机，趁着互联网企业给股权 + 二级变现，可以在短时间内实现财富自由；如果运气不好，实体企业经营不达预期、裁员减薪，首先下手的就是高薪从其他行业挖过来的人才。

4. 跳槽一级市场和金融行业的其他子行业

卖方分析师在本行业积累了一定的资源后，也有选择去一级市场（PE/VC 等）做一番事业的，一些研究门槛较高的行业也喜欢招有行业背景的卖方分析师。除此之外，银行、银行理财子公司、信托、期货公司等也是卖方分析师的选择之一，比如，一些重视研究的国股大行会专门设立研究院邀请市场知名的分析师加盟，但是这类机构的市场化程度通常要弱于券商研究所，并以对内服务为主。

5. 跳槽监管机构

在金融行业从业的这几年里，偶尔也会看到有些分析师选择跳槽去监管机构，比如证监会、交易所、基金业协会等。现在金融行业的监管机构可以说是卧虎藏龙、人才济济，去监管机构可以继续做一些与市场有关的研究和政策制定工作，工作稳定，工作强度要小于卖方分析师的工作强度，适合追求稳定的朋友。

6. 创业 / 自由职业

最后，还有一种职业路径就是创业或者选择自己在家炒股。卖方分析师创业最常见的选择是开一家私募基金，私募基金行业可以说是大浪淘沙，做得好坏既要看真刀实枪，也要看运气。近年来，也有一些卖方分析师挣够了钱，为了炒股方便（毕竟卖方分析师行业是禁止炒股的，各位读者入行后一定要注意合规问题），选择离职自己在家炒股。

1.9 买方分析师的职业发展之路

说完卖方分析师，本节继续讲讲买方分析师的职业发展之路。

"卖方"和"买方"的区别在于买方分析师（Buy Side）是卖方分析师（Sell Side）的服务对象，但这并不代表买方分析师职位一定好于卖方分析师职位。举例来说，卖方分析师的工作时长普遍高于买方分析师的工作时长，职场流动性大于买方分析师的职场流动性，但买方分析师的薪酬在同等情况下低于卖方分析师的薪酬，所以，选择卖方还是买方是一个见仁见智的问题。

下面来看看都有哪些机构提供买方分析师职位。

（1）公募基金：公募基金有相对完善的买方分析师培养体系和晋升通道，也是提供买方分析师职位的主力机构，如果有中、大型公募基金的Offer，建议首选公募基金。

（2）券商资管：券商资管是资管行业的重要参与机构之一，其优势在于可以发挥券商全产业链的服务协同作用，投资范围比较全面；劣势是券商资管过去有很多通道和资金池业务，在当前的监管环境下会逐渐退出历史舞台，券商资管的品牌效应和发行能力目前来看不如公募基金。如果去券商资管，建议选择头部券商，中小券商资管这几年的发展态势平平。

（3）券商自营和资金营运部：券商自营权益类投资的占比一般不会很大，因为权益投资的波动会对券商报表产生较大影响。券商自营的固收投资性价比较高，但是对分析师职位的需求量不大。

（4）银行理财／金融市场部：银行理财／金融市场部也会有一些买方分析师的职位，尤其是随着这两年银行理财子公司的陆续开业，对权益研究分析师的需求也是比较大的。银行表内是无法投权益资产的，所以金融市场部招的分析师都是偏固收方向的。

（5）保险资管：总体而言，我觉得头部保险资管分析师的性价比很高，不过在去之前也要做好尽调工作。例如，某家机构这两年换了领导，强调市场化的优胜劣汰，那么研究员的竞争压力就会比较大。还有一些以狼性文化著称的公司的分析师竞争压力也很大。

（6）私募基金：私募基金分化很大，头部私募基金的研究团队人数不亚于公募基金，培养体系也很系统化。不过，大量的中小型私募基金一般不会配置过多的研究人员，我个人建议私募基金适合已经有一定相关研究工作经验的人选择，最好对这家私募基金的老板和管理团队也比较了解，做得好的私募基金业绩提成很可观。

（7）信托公司、期货公司等：近年来，信托公司因为融资类业务受限，也越来越重视在资本市场上发力，有些头部期货公司也在开展资管业务和招聘分析师职位，但是从整体来看，在这些公司做买方分析师的市场认可度不如前几类机构，所以如果去这些公司，则要把薪酬和职位谈得好一些。

（8）企业和财务公司等机构：很多企业和财务公司也会拿出闲置资金做投资，但是这类机构一般可投品种受限较大，而且投资策略也跟老板的投资风格息息相关。

（9）PE/VC：一级市场也会招很多分析师做研究，尤其是 TMT、医药等专业要求比较高的领域。不过要注意的是，如果去这类机构，以后就是在一级市场上发展，所以选择走二级市场还是一级市场的路需要深思熟虑。

小贴士：

一级市场：证券（股票、债券等）的发行市场，是指发行人为经营扩张，按照相关法律法规和发行程序，向投资人出售新发证券获取资金形成的市场。

二级市场：证券的交易市场，已发行的证券在二级市场上进行买卖交易。

不管在哪个类型的买方机构工作，买方分析师的日常工作内容主要是跟踪所覆盖的行业和重点上市公司，并向公司内部投资人员提供你的行业和个股观点，推荐股票推得准的话更能得到公司内部的认可。在有些私募机构里，分析师也会同时管账户，但大部分买方机构的研究和投资是分开的，买方分析师通常会覆盖一个或多个行业，虽然相比卖方分析师花在路演和外部服务上的时间少了，但对推荐股票的准确性要求更高，因此，买方的研究报告相比卖方的研究报告也更简明扼要、切中要点。

从买方和卖方分析师工作内容的差别角度出发，再来谈谈买方分析师除了与卖方分析师共同点之外，还需要具备的职业素质。

（1）抗压能力：买方分析师需要对推荐股票的结果负责，并且在自己管账户后还要面对投资可能出现的直接亏损，所以，练就强大的抗压能力是在买方分析师职业发展之路上越走越好的必备条件之一。

（2）自省和学习能力：即使你已经做到某个领域的专家，但因为干预市场的因素错综复杂、"黑天鹅"和"灰犀牛"事件频发，你所做的判断也不可能是完全正确的，并且买方因为直接管钱，会给投资人或公司账户造成直接影响，所以，买方和卖方的一个很大不同点是：如果看错了，则要及时止损和总结经验教训。

1.10　实操问题解答

该部分精选了我在实操和分享时大家普遍关注的问题，以便帮助读者更好地理解证券分析师。

星友 1 提问：

老师您好，看到您有一些宏观的经历，想问一下偏总量（宏观、策略、固收）的研究员和行研的研究员在发展路径上的一些差异（如果都考虑转买方），如难易度、晋升等。

答：

总体而言，总量研究员的发展比行业研究员的发展更难一些。总量体系比较复杂，几年投入也只能是初窥门径，而且准确率低，较难下重注投入实战，一般晋升也比较慢。只考虑个人发展效率，行研更有优势，摸准框架后，对人的要求也比较低，更易成才。

星友 2 提问：

老师您好，我正在思考要不要在香港做卖方，我想咨询一下香港二级卖方的一些事。请问您知道香港二级卖方的收入和内地相比会怎样？我打听到的是刚毕业总包会比内地多不少，但是不知道工作 5 年、10 年以后会怎样。您觉得内地二级卖方和香港二级卖方的工作内容会有什么异同呢？我个人感觉香港的工作内容会更加具有开放视野，但是在内地会和内地的企业更加贴近。香港二级卖方收入是不是也靠买方派点分仓？体量会不会大一点儿？

答：

（1）整体应该会高一些，尤其对于不是功成名就的普通分析师而言。而且香港的税收较低。至于 5 ～ 10 年之后，我觉得差距会有所缩小，但绝对金额还是香港整体多一些。当然，在功成名就之后，在内地发展会好很多。不过以上是历史经验，往后看内地的限薪压力可能会越来越大。

（2）如果覆盖 A 股，那么内地卖方应该跟得更紧，在竞争方面无疑也是内地更激烈。

（3）香港分仓量级并没有更大。但香港机构间分化很大，(买方 / 卖方)小机构有很多。

星友 3 提问：

老师您好，有一些小券商发力研究员，股东狠心砸钱 "招兵买马"，对于这类卖方的发展，应如何看？对于新人来说，短期会是一个和平台一起成长的机会吗？相较于已经成型的中、小券商，这些新平台有什么优势与劣势呢？

答：

现在市场靠股东砸钱不一定能发展起来，还要看整个研究团队的配置。对于新人来说，建议选择比较成熟的券商研究所，或者跟着比较资深的首席分析师（如新财富排名前五的分析师）也可以。

星友 4 提问：

老师您好，我是一个买方研究新人，想请教一个困扰了我很久的问题。我主要看中、小盘，因此，在工作中需要看很多之前没有接触过的公司 /细分行业。以前我很喜欢把信息尽可能收集齐全，现在突然意识到有些公司的相关信息就是很少，在和企业接触之前其实思考和研究方法更重要，在汇报的时候比起一个面面俱到、没有太多错误的平庸结论，也许提出别人没有想到的点更重要，请问老师是这样的吗？是的话在这方面如何做得更好呢？或者老师对看一家公司时的思考、推理、研究方法有没有什么建议？此外，我学商科出身，会计方面比较薄弱，仅限于简单的分析，想要买方投研做得好，会计水平最好要到什么程度呢？入行之后再去考 CPA（注册会计师）是不是性价比不高呢？请问老师有什么推荐的提高方法吗？

答：

（1）注重框架搭建，覆盖细分行业较多则按行业先梳理清楚。只靠自下而上，一家一家公司去覆盖可能不够，也覆盖不过来。

（2）如果是新人（初入行），则可以先勤奋一些、稳一些，不一定急着露脸，先积累起来，了解自己的公司文化。当然，这也看你自己的定位，做过几年卖方和应届毕业生的发展战略也不一样。

（3）建立有护城河的技能很重要，财务知识、建模能力、深入了解重要公司都属于其中的一部分。另外，建立模拟组合，及早以基金经理的视角来看问题也很重要。考 CPA 没什么必要，可以更有针对性地提高财务知识。

星友 5 提问：

老师您好，我未来有转买方的打算，但是感觉买方要为结果负责，所以压力很大，也不确定自己是否适合或者到底有没有天赋去做投资。 您觉得作为买方，是天赋更重要，还是勤奋更重要，抑或是运气更重要？ 那些业绩不好甚至被市场淘汰的买方，他们是没有天赋还是运气不好？

答：

入行之初勤奋很重要，之后天赋的作用会变大，但也只是相对的。人需要积极总结自己的不足并加以改进，做到扬长避短、化不利为有利，那就不存在太多天赋上的不足了。运气是一直存在且很重要的，但多数人不会一直运气不好或运气很好。有的人看似现在运气很好，但可能残酷的未来等在后面（比如把运气当作实力的人）。 其实我没怎么见过被市场彻底淘汰的买方。买方公司分了三六九等，只要勤奋和拥有专业技能，所在买方又不是最差的，那总是有去处的，比如去相对弱一些的机构，也是不错的工作。

星友 6 提问：

老师您好，我之前在卖方研究所里实习，毕业后即将入职买方，有时候觉得略有不适应，原因是一个"被动"，一个"主动"；一个是任务导向，一个需要自驱。我应该如何尽快转变或者适应这种区别呢？

答：

你总结得很好，给出我的一些建议。

（1）对自己自信一些，能被录取意味着你足够优秀。

（2）充分利用卖方资源，把自己的时间节约出来。

（3）在公司里结交一些朋友，对其他行业也要略知一二，内部消息灵通一些，但别显得太八卦。

（4）积极与基金经理交流，了解他们的风格和相关持仓，推荐时有的放矢。

（5）认真做模拟盘，把自己代入基金经理的角色中去。

（6）覆盖同行业的朋友也多结交一些。

（7）当行业机会不多或推荐股票结果不好时，多以勤奋来弥补。

星友7提问：

老师您好，我想请教您一个问题。 我是一个刚入职不久的买方行业研究员，最近发现很多卖方券商出具的报告都是一致推荐买入，感觉根本不看估值，达到目标价就继续设定更高的目标价，即使是一些比较大的券商机构出具的报告，推荐的股票下跌的也很多，所以，我们基本上不相信卖方推荐的股票了。 想请问一下为什么买方和卖方的推荐差距会很大？ 卖方推荐股票的主要逻辑是什么？ 为什么会一直在唱多？

答：

卖方和买方的考核标准是不一样的。卖方服务机构投资者，但不直接参与投资，所以，一个好的卖方应该是有市场影响力的（谁喊的声音最响），对行业和公司的基本面足够了解（包括可以判断行业的拐点），但不一定是一个好的投资人员。我觉得你看卖方出具的报告，核心是看它分析的内容，看数据的变化和逻辑，看盈利预测。估值本来就是主观的东西，如果一个卖方推荐了一只牛股，只要大逻辑没变，它通常会一直推下去，把这只股票打上它自己推的烙印，而且哪怕看错了公司股价，很多时候对卖方本人的考核也没什么影响。 而买方研究员的职责是给基金经理推荐股票，要对你推的标的负责，所以，买方研究员会考虑综合大市情况，需要把握时点。之所以你觉得卖方一直唱多，是因为A股中实际上做空的手段有限，如果经常唱空对于卖方来说是吃力不讨好的事情，所以，卖方行业研究员如果不看好这家公司就不怎么力推了，只要这家公司没有大的风险，就不会出具看空报告。

第 2 章

职业路径之金融行业主流岗位

金融行业内不同岗位的选择对于一个人的职业发展起着至关重要的作用，有时候，选择可能比努力更重要，因此，我们在做出重大选择前，需要对不同岗位结合自身情况进行全面、客观地评估。第1章着重剖析了卖方和买方分析师职位，本章将带领读者了解金融行业除分析师之外的主流职位，它们可以归纳为交易员、投资经理／基金经理、销售、项目经理（承揽／承做）、产品经理、金融科技、中后台岗位几大类，这几类岗位囊括了金融行业95%以上的工作岗位，下面将一一讲解。

2.1　交　易　员

交易员职位因为一些热点事件而引起了高度关注。为什么在各种讨论中，有些人认为交易员是赚钱高手，而有些人认为交易员只是操作工呢？这就要听我从交易员岗位的工作内容聊起了。我身边有不少交易员朋友，综合来看，交易员是一个很锻炼个人综合素质并且很适合入门的金融行业岗位。

2.1.1　交易员岗位类型

按照交易的资产类型，交易员大致可以分为股票交易员、债券交易员（包括资金交易员）、外汇交易员、大宗商品交易员和衍生品交易员。

1. 股票交易员

A股是散户和机构都很活跃的市场，所以，买卖交易公开、透明，对于大多数金融机构的股票交易员来说，其主要职责在于根据投资经理的指令准确下单，确保每笔交易符合监管和公司制度要求。说实话，股票交易员可以发挥的空间不大，更多的是需要细心和准确，门槛相对也比较低。需要说明的是，在这里所说的是大多数金融机构的内部设置情况，尤其是在公募基金、券商资管、理财子公司等资管机构中，都设有独立交易室负责对投资经理的委托进行下单，交易员的权限相对较小。但也有一些机构，比如私募基金或券商自营，交易员也是有头寸可以管理的，也就是说，交易和投资混在一起做，这种情况需要在应聘时间清楚。

2. 债券交易员

国内债券市场有别于 A 股，是机构投资者的天下。在国内债券市场上，你很少会见到个人投资者买卖债券（可转债除外，因为对于个人投资者来说，可转债的玩法其实更接近于股票的玩法），而场外交易的银行间市场又占据了市场份额的大头，所以，债券市场"机构主导 + 场外交易"的属性使得债券交易员相比股票交易员在询价和报价方面有着更大的发挥空间，也比股票交易员更看重资源和经验的积累。

债券交易员大致可以分为两类：资金交易员和现券交易员。

一般刚入门的债券交易员会从资金交易员做起，资金交易员的核心工作用大白话来讲就是借钱：合格的资金交易员可以在关键时点（比如月末、季末、年中和年底）借到钱平头寸，优秀的资金交易员能借到其所在机构力所能及范围内借到的最便宜的钱。这里就要说到金融机构资金拆借的"地位"了，总体来说排序是这样的：政策性银行（国家开发银行、中国农业发展银行、中国进出口银行）＞国有大行＞股份制银行＞大型城商行＞中小型城商行＞农商行＞大型国有背景券商、基金＞中小型券商、基金等非银机构＞私募机构。

所以，以政策性银行、国股大行的金融市场部或司库作为交易员的职场起点是很有优势的，虽然薪酬不如市场化机构，但是可以凭借机构的"地位"迅速积攒资源。这里需要提醒大家的是，客户青睐你大多数时候是因为你所在的机构赋予你的"地位"，而不是因为你的个人能量，所以，建议各位读者在大机构里工作时还是要谦虚友善、广交朋友，待以后转投资或者跳槽去市场化机构，积攒的资源都会有用武之地。

回到资金交易员的话题，因为要借钱，所以，资金交易员这个活儿还是卖方性质多一点，适合刚入行的朋友，借钱借得多了，技巧逐渐就锻炼起来了。等在资金交易员的岗位上工作1～3年后，很多人会转去做现券交易员。现券交易员需要对利率债、信用债和衍生品都略懂一些，资深的现券交易员对市场每天、每周的走势也要有自己的判断，甚至对信用债的资质（资质好坏决定了这只债券的流动性）也要有自己的准确判断。因为现券交易员的工作有买有卖，尤其是一级市场簿记涉及竞争性销售，会有很多券商的债券销售前来求助，所以，具有一定的买方地位。此外，在券商固收部或销售交易部做交易员还会涉及很多撮券和做市的工作。

3. 外汇交易员、大宗商品交易员和衍生品交易员

对于外汇、大宗商品和衍生品领域的交易员职位，总体评价是他们的个人发挥空间还是很大的，毕竟外汇和大宗商品的波动性要大于股票市场的波动性，但是做大宗商品交易员需要值夜班，所以，对女生和喜欢早睡的人来说不是很友好。有些突发事件有可能在深夜，所以，当遇到市场剧烈波动的时候，对外汇和大宗商品交易员的考验还是很大的。

衍生品市场在前几年属于小众市场，但是近年来，券商、银行等机构也加大了衍生品代客交易的力度。

交易员职位类型除了可以按照交易的资产类型来划分，也可以按照是否掌握资金头寸来划分，具体可以分为自己掌握头寸的交易员和只负责按

照投资经理的指令下单的交易员。前者的权限更大，需要对交易盈亏结果负责，如前所述，一般自营盘或私募基金的很多岗位是投资和交易放在一起做的；后者一般隶属于集中交易室，主要对下单的准确性和及时性负责。

2.1.2　交易员需要具备的素质

一个优秀的交易员通常需要具备如下素质。

1.情绪稳定，纪律性强

记得做交易员的朋友跟我说，交易是一种修行。基本上每个资深交易员在职业生涯中都会遇到一些突发状况，比如市场发生剧烈变化、交易对手不靠谱等，所以，一个老到的交易员需要有足够稳定的情绪妥善处理各种突发状况。此外，作为交易员，较强的纪律性也是必需的。集中度管控、风险敞口、浮亏止损等都需要按照公司制度去操作，不能未经审批先斩后奏。交易失败甚至巨亏或爆仓大都是因为未遵守交易纪律、心存侥幸造成的。

2.细心、认真负责

这一点不用多说，像光大证券的"一阳指事件"等，交易员在下单时输错了一个小数点可能就会造成几千万元甚至几亿元的损失。

3.反应敏捷、做事麻利

很多交易员的办公桌上同时摆放着 3～4 个屏幕，颇为壮观。优秀的交易员需要在市场瞬息变化中迅速做出正确的反应。交易员每天要同时处理几十笔甚至上百笔交易，对时效的要求也是很高的。

4.较强的人际交往能力

在前文中也提到，越是机构投资者占比高的市场，资源的积累越为重要，债券交易员往往通过线上聊天、线下聚会来积攒资源和树立业内口碑，外在形象好、口才不错的人会有相对优势。

5.持续盈利能力

对于有头寸的交易员来说，有持续盈利能力也是可以一直做下去的"法宝"。这就需要交易员建立自己的交易日志并不断复盘，挑选出胜率较高的交易策略，在面对调整时可以及时止损。

2.1.3　交易员职业发展路径

现在放眼看去，交易室里基本上是"90后"的天下，虽然很多人认为交易员是在吃青春饭，但我觉得资深交易员的经验也是一笔宝贵的财富，交易是可以终生发展的事业。

整体而言，交易员的职业发展路径有如下几种。

（1）最常见的路径是从交易员成为资深交易员，再成为交易主管，然后通过内部提拔或跳槽成为交易部门负责人。

（2）交易员工作贴近市场，尤其是债券交易员需要对市场走势有自己的分析和判断，所以，在过去的很多年里，也有不少债券交易员有机会转投资岗位。但是需要提醒大家的是，随着近年来竞争越来越激烈，交易员在工作之余也需要补齐自己在研究和组合管理方面的知识，增加转岗成功概率；股票交易员因为主要承担下单职责，直接转投资难度较大，可以考虑先转岗做研究员。

（3）其他职业路径包括交易员转销售交易岗等。

最后，针对交易员岗位要提醒大家的是，未来随着科技的发展，简单的下单工作有可能被人工智能取代。因此，如果你是一名交易员，需要随时学习新的交易品种和完善自己的交易策略，而不只是满足于执行下单等简单的工作。

2.2　投资经理 / 基金经理

做投资可能是很多想进入金融行业或者已经是从业人员的朋友的理想职业道路。本节将会对各位读者关心的几个问题进行阐述，包括如何成为投资人员、投资人员的工作日常是什么、投资人员需要具备怎样的素质等内容。

2.2.1　如何成为一名投资经理 / 基金经理

从广义来讲，投资经理 / 基金经理覆盖一级和二级市场，所投品种包括股票、股权、债券、非标债权、FOF、衍生品、外汇、大宗商品等，不同领域的投资人员工作内容相差甚远，所以，我们首先要记得不要为了做投资而选择不适合自己的投资领域。更直白地说，不同的投资品种的投资从业人员，后续个人价值提升和薪酬提升空间的差异也是巨大的。

总体来讲，投资经理或基金经理的入行门槛越来越高，也许你查一位资深基金经理的履历会发现，前辈们可以从八竿子打不着的行业轻松转来做投资，但现在转行难度明显上了一个台阶，基本上要求投资人员具备相关的研究经验。所以，对于应届毕业生来说，最常见的成为投资经理 / 基金经理的途径有如几种：

（1）先进卖方做研究员，再跳槽去买方从研究员转基金经理。因为卖方每年都会招人，需求量比买方的需求量大，而买方基本上是一个萝卜一个坑。一部分资深卖方分析师可以一步到位，直接去买方做基金经理。

（2）应聘买方研究员／交易员，再通过内部竞聘或跳槽成为基金经理／投资经理助理后，再升职成为基金经理／投资经理。

（3）其他的非主流路径包括：

① 内部转岗，如中后台、销售转为投研人员或交易员。一般来说，交易员的入行门槛会低一些，债券交易员也是成为债券投资经理的一条途径。

② 先去会计师事务所／投行／PE/VC/企业的投资部门再转投资。当然，也有不少基金经理有传奇的入行经历，但因为都是个例，这里就不着重介绍了。

2.2.2 二级投资经理／基金经理的日常工作和投资决策流程

1.制定投资目标和业绩比较基准

投资人员要设置好投资目标和业绩比较基准。针对不同的投资标的（股票、债券、货币、量化对冲、商品期货、FOF/多资产、海外等），会有不同的投资目标和业绩比较基准。另外，资金来源也在很大程度上决定着个人绩效目标，大类的资金来源可以分为自营和资管，不同渠道的资金对产品预期收益的要求也是不同的。

简单来讲，自营的好处在于，因为是自己公司的钱，不需要对外募资，通常追求绝对收益，需要在考虑风险资本计提后覆盖资金成本，并达到公司内部要求的收益率。

如果是客户的钱，就是"受人之托，代人理财"，需要根据募集资金的特点和风险偏好制定合理的业绩比较基准。对于大多数公募基金产品而言，这个业绩比较基准是追求相对收益的，具体可以从产品计划说明书中查到，例如"75%× 富时中国 A600 成长指数 +25%× 中证综合债券指数"等。对于私募基金产品而言，这个业绩比较基准通常是追求绝对收益的，并在达到业绩比较基准后会有一定的业绩报酬。所以，对于资管行业的投资人员来说，日常工作的内容之一就是要配合销售人员去推介自己的产品，比如在互联网销售快速发展的今天，不少基金经理直接在支付宝等第三方平台上开通直播，所以，练就一副好口才也是加分项。

2. 制定投资策略

定好投资目标后，就需要制定投资策略了。产品计划说明书里的投资策略基本上是千篇一律的自上而下或自下而上的价值投资，但是实际上每个投资经理的风格迥异，定性的主观决策既要考虑当前市场环境对股市和行业的影响，也要考虑超预期事件的潜在可能，然后决定一个大概的配置比例并进行动态调整，定量主要会辅以一些量化的资产配置模型提供投资策略。

3. 建仓

各类资管产品一般都会有一个建仓期，之前发生过一个基金产品刚成立就亏了不少的事件，这就是管理者没有尊重常识，主观上特别看好市场急于建仓导致的后果。

每家基金公司都有自己的股票池和债券池，也会定期召开投委会，基金经理会基于公司策略大方向和现有的资产池，根据自己的判断和与研究员充分沟通后选择具体的投资标的。基金公司内部考核通常是基金经理对买方研究员进行打分，所以，研究员推荐牛股并取得基金经理的信任对于他们在公司里站稳脚跟是很关键的。近年来，"黑天鹅"和"灰犀牛"事件频发，不管对于股票还是债券投资来说，最怕的都是踩雷，所以，重仓标的投资人员除了参考内、外部研究员推介，也会通过现场尽调等方式进行取证。

4.日常管理和绩效回顾

每个投资人员的调仓频率相差较大，但是每个投资人员都会根据市场情况进行动态调整。投资经理／基金经理需要根据公司和产品层面的限制及业绩比较基准控制回撤并限定单一标的的比例，还需要留有一定的空间进行流动性管理来应对产品的赎回。资管产品会给投资人出具定期跟踪报告，投资人员也会对业绩表现进行定期和不定期的回顾。

2.2.3 投资经理／基金经理需要具备怎样的素质

能够做到出类拔萃的投资经理／基金经理需要一些天赋和运气，对于大多数人来说，想在投资岗位上做到平均以上水平，通过自己的努力是可以实现的。大体来说，二级市场投资人员需要具备的素质有以下五点。

1.勤奋

做投资与做研究一样，勤奋是必需的，所以，我仍然把勤奋列在需要具备素质的第一条。虽然做投资即使你十分勤奋，业绩也不一定能位居前列，但如果你懒惰懈怠，在这个竞争激烈的行业里很快就会被后浪赶超。

2.抗压能力强

投资人员直接管钱，需要承担的业绩压力也是巨大的。如果按照相对收益来考核，即使绝对收益不错，但是跟同业相比位于平均水准以下，仍然会让你感受到来自公司、投资人和自身的压力；如果你管理的是绝对收益组合，在熊市中即使回撤控制好于市场平均水平，但是没有达到绝对收益考核要求，照样会收到客户投诉。所以，投资人员面临的压力无时不在，这也要求投资人员必须有较强的抗压能力。

3. 独立判断能力

卖方和买方分析师只能给投资人员提供建议，真正的决策需要投资经理 / 基金经理自己做出。想要取得超额收益，需要有先人一步的洞察力和判断力，在很多时候需要逆向思考，随大流的话很容易被割韭菜。

4. 懂得吸取教训

做投资和做卖方分析师不一样，卖方分析师只要大势没判断错，中间过程失误扛一扛也就过去了；但是做投资面对不停地申购、赎回，需要不断吸取之前犯下错误的经验教训，并通过复盘进行有效调整。

5. 冷静、客观

世界上的很多事情都是概率问题，如果一个人过于狂热，则可能更适合去创业而不是去做投资。做投资需要保持冷静和客观的头脑，因为大多数时候投资人都处于如履薄冰的状态，可以看到很多实例，多数是过于主观、不冷静，从而导致爆仓等极端情况的发生。

最后，附上针对不同投资领域的一些具体要求。

（1）货币 / 债券投资：较强的人际沟通能力（债券圈相比股票圈可以说是一个小圈子，大多是熟人间的交易），要懂得债券交易规则；对海内外宏观经济有较深的了解；懂得财务会计知识。总体来说，货币基金经理的工作相对轻松，需要的核心技能是在债券市场上资源比较广泛，能借来便宜的钱。

（2）股票投资：扎实的财务功底，对各行业有大体上的了解，知道行业处于哪个阶段、估值是否合理。

（3）量化和衍生品投资：编程、数学功底要求比较高。

（4）海外市场投资：较强的英文阅读和沟通能力，以及产品创新能力。

2.2.4　PE/VC 投资经理

前面介绍的主要是二级市场投资经理的情况，下面来聊聊一级市场 PE/VC 投资经理。

PE/VC 行业作为买方，招人从数量上来说会少于券商投行，而且这个行业知名机构和小机构相差也会比较大。在二级市场潮水退去后，尤其是自 2022 年以来，PE/VC 的很多机构都在精简裁员，PE/VC 企业的募资能力在当前的市场形势下也越来越重要，所以，应届毕业生直接找到好的 PE/VC 的机会相对较小，但是，如果一毕业就能进入一个不错的 PE 平台，同事和老板的实力很强也愿意教，机构又有不少资金可以出手，那么几个项目做下来，只要自己肯学，各方面的能力也能快速得到成长。但是投资这个行业也有不少的运气成分在，如果所在机构不是很知名，而且做了 1 ~ 2 年，参与的项目都没成，那么一旦机构发展得不好，需要再找下一份工作时，初出茅庐的应届毕业生就很有可能在市场上处于一个劣势位置。

大多数人进入 PE/VC 行业都是在有一段工作经验积累之后。有些人是从投行、咨询或四大会计师事务所跳槽入行的，还有不少人是从实业、律所转行进入 PE/VC 行业的。有工作经验的人转行做 PE/VC 肯定会比应届毕业生更有优势，因为经历了一段工作的锻炼，会在某个方面建立自己的专长，比如财务、战略、行业知识等，也往往会在需要沟通技巧的事情上更游刃有余。

　　成功的 PE/VC 投资人的风格各有不同，但他们的共同点往往是身体好和积极主动。PE/VC 这行的工作时间可以很弹性，但整体而言工作强度还是比较大的，所以，保持强健的体魄非常重要。另外，在做项目的时候经常会碰到突发状况，项目突然被搁置或来回拉锯也是常有的事，从心态上来讲，不能害怕失败，一定要保持积极主动的心态。

　　当我们手头有 PE/VC 的 Offer 可以选择时，建议仔细了解它的管理规模、实际控制人的背景和资源、募资能力、储备和管理的项目情况、是否可以跟投等信息，这有助于自己做出正确的选择。

2.3　销　　售

　　我在知乎和知识星球上回答职场新人未来职业发展选择问题时，经常有人说："我不想考虑销售相关岗位，其他岗位都可以考虑。"我觉得这是典型的学生思维，销售部门是直接产生利润的部门之一，在几乎所有的公司里都是最受老板重视的部门，有了老板的重视，自然会有资源，晋升空间也会更大，在金融行业里也是如此，所以，金融行业的销售岗位中不少性价比高的职位。

　　销售岗位除了可以直接创造利润，还有如下两大优势。

　　（1）销售岗位的工作内容主要是跟人打交道，所以，它也是可以迅速积累资源的岗位。尤其是如果你有机会跟高净值零售客户直接对接，这些客户对销售经理是有黏性的，手头有几个或几十个核心客户，这将是你整个职业生涯的巨大财富。

　　（2）在销售岗位上手之后，如果覆盖的客户比较稳定，那么加班强度远低于承销／承揽岗位和一些中后台岗位，实际上，中后台的一些运营、IT 岗位真的非常繁忙。

但是，也应该清晰地看到，市场上销售岗位鱼龙混杂、门槛低、人员多，也不是所有的销售岗位都是好岗位，比如银行支行客户经理、大多数保险经纪人等岗位，如果自身资源不够雄厚，其天花板低，能出人头地的概率小，这也是销售岗位在求职人群中口碑不是很好的原因。需要擦亮眼睛寻找有发展前途、性价比高的销售岗位。以身边的真实案例来讲，在金融行业中有如下还不错的销售岗位。

（1）券商总部（非券商营业部或分公司）的销售交易部门。股票或债券销售交易部一般面对的都是公募基金、保险资管等机构客户，对于股票承销来说，如果你所在的券商研究所实力较强，并且你能分到一些大客户，则性价比高；对于债券承销来说，现在头部效应非常明显，求职时可以看看近年来的债券承销排名，选择排名靠前的券商债券承销部门。

（2）公募基金的电商部门。公募基金对接银行零售端的销售，性价比一般，而且对自己的经验积累有限，但是受益于这几年个人投资者越来越倾向于在互联网平台（比如支付宝、天天基金等）上购买基金产品，电商部门在各家公司里的地位有大幅提升。

（3）头部私募基金销售。如果你所在的私募有一定的主动管理规模并且业绩不错，你又有较强的销售能力，那么，相比公募基金，私募基金的销售费用提成是很可观的。

（4）银行私人银行部（简称"私行部"）。银行私行部会拥有一批高净值客户，如果公司产品线丰富、业绩稳定，那么私行部的销售也是不错的岗位之一。

（5）头部信托公司销售部门。信托公司近年来分化愈发明显，多家信托公司产品"爆雷"频发，建议选择持续有产品发行并且"爆雷"比较少的信托公司，在信托公司的销售岗位上也可以积累一批高净值客户。

2.4　项目经理（承揽／承做）

一级市场项目经理（承揽／承做）是金融行业前台业务部门的重要岗位之一。

首先来讲一讲哪些公司和哪些部门需要一级承揽／承做人员。

大家最熟知的肯定是券商投行部，围绕着一级市场业务，大型券商除了股票和债券承销，还有并购和财务顾问等业务，股票承销又可以细分为A股主板、创业板、科创板、新三板、港股和海外市场；债券承销又可以细分为利率债、信用债、可转债和可交债、资产支持证券（有些券商资管部也会有资产支持证券承揽／承做岗位）、海外债券等品种。不同券商的部门设置名称不同，也可能一个部门内部不会分得那么细，这里一一列明是为了让读者有一个比较全面的认识。

除了券商投行部，一级承揽／承做岗位还会出现在以下金融机构里。

（1）银行投行部：国股行和大型城商、农商行总行和分行投行部都会设置项目经理岗位，其职责包括发行债券、资产支持证券、北金所债权融资计划、理财直融工具等项目（因为监管不允许银行投资于股权类资产，所以，银行投行部以发行债券和债权类资产为主）。在银行里，总行投行部通常承担牵头分行组织营销和统筹规划等职能，具体承揽／承做由分行投行部项目经理与支行客户经理一起完成。

（2）信托公司：信托公司项目经理主要负责承揽／承做信托项目，也就是俗称的"非标"，其工作内容包括营销和维护客户、业务谈判、项目评估和尽职调查、制作项目评估报告和信托合同文本等。除了传统的非标项目，信托公司的资产证券化部也会参与到资产支持证券中，主要充当资产支持证券项目中的 SPV（Special Purpose Vehicle，特殊目的机构）和计划管理人的角色。

（3）保险资管：在保交所发行的保险债权计划、保险股权计划、项目资产支持计划等产品由保险资管负责发行，所以，保险资管每年也会招不少项目经理。

（4）私募基金、基金子公司：私募基金和基金子公司会发行一些私募产品，标的包括未上市公司股权、房地产股权和非标等。

（5）其他：从大投行的概念来说，一些第三方机构会充当财务顾问等角色，相关工作人员的职责也属于项目经理的工作范畴。

其次，回答一个很多人感兴趣的问题：一级市场和二级市场工作该怎么选？

选择去做一级市场承揽／承做还是二级市场投研取决于你更适合哪类工作。一级市场和二级市场需要的技能差异主要有以下几点。

（1）做一级市场对沟通和谈判能力要求更高。一级承揽需要积累资源，从承做岗位做起，通过各种途径、很多项目的磨炼来积累和扩展自己的资源，这个过程需要你有较强的沟通和谈判能力。投行喜欢招名校学生的一个重要原因是看重你的校友圈，这也是你获取信息和资源的重要途径之一。

也有人在部门的分工一直是偏承做或事务工作层面的，即使你只负责执行事务层面的工作，在项目推进中跟客户沟通好后续的各个环节及跟内部部门（比如风控、合规、运营、IT、财务等部门）协调沟通也是需要具备一定的沟通能力。

（2）做一级市场需要较强的执行力和多线程工作能力做过一级市场的人都知道，客户的需求五花八门，在很多时候最后期限要求十分紧迫，优质客户都是几家机构在抢，因此，更需要做到争分夺秒，所以，对于项目经理来说，较强的执行力是必备素质之一。碰到要求高的客户，今天提需求明天就要实现，熬夜改方案的现象在项目经理的职业生涯中也是家常便饭。

国内一级市场竞争激烈，团队中的每个人往往都不会只负责跟进一个项目，项目经理需要多个项目同时操办和跟进，所以，多线程工作能力也是必不可少的能力之一。

（3）团队协作能力。二级投研相比一级承揽 / 承做更独立，业绩好才是王道。虽然投资经理 / 基金经理会倾听其他人的观点，但投资决策还是要由自己做出，需要与同事协作的工作内容较少。而在一级市场上，不管负责什么类型的项目，都不可能单打独斗，所以，团队成员之间的配合尤为重要，在项目经理岗位上需要培养和提高自己的团队协作能力。

再参考前文所述的分析师和投资人员需要具备的素质，相信可以更直观地得出结论，到底是一级市场还是二级市场的工作更适合自己。

最后，聊一聊一级市场和二级市场哪个工作压力更大。

先给出结论：一级市场和二级市场各有各的压力。

先来说一级市场，项目经理的压力主要来自以下几个方面。

（1）任务急，出差强度大。客户要求高、时间紧，为了能拼过同业，只能熬夜加班赶任务；有时一通电话就会被临时叫去出差；如果是比较复杂的 IPO 项目，则可能连续几个月、甚至连续一两年都在外地驻点。

（2）考核压力重。这几年不管是债券还是一级股票市场都是僧多粥少，承销费率被压得越来越低，有些承销的债券一单挣的钱可能还不如评级公司挣的钱多，可能只能覆盖差旅和人工成本，但是公司给的收入指标依然很高，所以，对于很多团队来说完成指标的压力很大。

（3）监管趋严，对尽职履责的要求越来越高。很多一级市场的承揽人员会通过下沉主体资质来完成考核指标，可是近年来监管机构对主承需要承担的责任和尽职履责的要求越来越高，比如之前对德邦证券承销五洋债的处罚就十分严格，所以，券商等金融机构对尽调底稿的完成也是更加谨慎小心，只有这样才能在监管检查中过关。

再来说二级市场的压力。

（1）对于投资经理来说，最大的压力来自产品业绩表现。二级市场不像一级市场可以动用的公司资源比较多，如果你在一级市场上已经获得一定的职位，手上有持续做的大客户，基本上只要你够努力、领导赏识，业绩就不会太差；而投资经理虽然可以获得外部和内部的研究支持，但是最后业绩做得怎样还是要靠自己，你的投资业绩会被完全展示给投资人。如果业绩连续处于市场下分位，即使投资经理资质很老也会很难受。所以做投资，心理压力是很大的，尤其是面对瞬息万变的市场，即使中长期没有看错，但是短期业绩不尽如人意，投资人员也需要承受来自客户的质疑和批评。

（2）对于研究员来说，虽然没有直接管产品的压力，但是卖方研究员看错了方向，没挖掘出牛股，分仓收入和新财富排名不好，都要承担压力；对于买方来说，如果你覆盖的行业没有行情，或者行情起得快，你没有抓住机会，就会被投资人员质疑。

（3）做二级投资跟一级相比的另一个压力是你需要获取的信息、投入的精力是持续的，一年 365 天从不间断。做一级的人如果完成了一个重要项目或者完成了今年的指标，则可以放缓节奏休息一下，但是对于二级从业人员来说，基本上不存在淡季和旺季之分。

概括来讲，我个人觉得二级投资更需要自己去领悟，讲究天赋但有时也需要一些运气，同时也更注重个人能力和口碑；一级项目经理相比二级投研人员更依赖公司资源和品牌，个人需要充分调动公司和自身资源，通过团队协作完成项目。

2.5　产品经理

基本上每类金融机构都会有产品经理岗位，但在不同金融机构、不同组织架构下，产品经理的职能和定位还是相差较大的，比如银行、券商、信托公司或公募基金的产品经理工作内容可能交集甚少，所以，从这一点来讲，产品经理跳槽的难度要高于前几类工作岗位。

1. 哪些金融机构设有产品经理岗位

如果金融机构涉及发行产品，则一般都会设有产品经理岗位。

在银行体系里，私人银行部、理财子公司、零售部、托管部等都会设有产品经理岗位，主要工作内容包括设计产品结构、对市场情况进行分析、为后续待发产品排期、撰写法律合同、协调内部各部门和监管机构、协助发行销售等。

在券商体系里，资管部、经纪业务部、托管部、融资融券部、另类投资 / 股权投资部、股权衍生品部等也会设有产品经理岗位，负责配合销售发行券商的相关产品。

在公募基金中，每发行一个新的公募产品或专户产品，需要产品经理与监管沟通，并配合销售完成发行工作。

在信托公司中，产品经理配合前台业务部门和销售部门销售相关信托项目。

2. 产品经理的定位

不同公司对产品经理的定位也各不相同，在有些公司里，对产品经理的考核偏销售，也要承担一些销售额的考核指标；在有些公司里，产品经理更多的是做支持和辅助的工作，这些需要在面试中问清楚。

3. 产品经理需要具备的素质和技能

一个优秀的产品经理既要了解行业又要了解公司需求，有较强的组织协调和研究能力，做事细心、靠谱，最好再有一些法律方面的知识储备。

2.6　金融科技

之所以要把金融科技从中后台岗位中单拎出来讲，是因为近年来金融科技岗位的确是各金融子行业的一个风口。如果你有时间，则可以翻翻上市银行、券商等公司的年报和半年报，在金融科技方面的投入都呈显著增长态势。我不敢说这个势头还能持续多久，但至少在短期内金融行业对 IT 岗位的需求量还是相当大的。

2022 年以来，互联网行业招聘热度衰减，我认识的不少互联网公司的朋友也在积极转行进入金融行业，可以预计的是，金融科技岗位未来的竞争压力也会随之加大，但好在招聘人数多，现在大一些的金融机构，金融科技部门的人数普遍在三位数以上。

如果你要问我什么样的人才在金融科技岗位上可以脱颖而出，那么我认为，既懂业务又懂技术的复合型人才现在在金融机构中还是非常稀缺的。

相信几乎每个金融圈的小伙伴都在抱怨公司的线上系统，各家金融机构都在推动全流程线上化，我们的工作内容无论是做研究、投资委托、风险和合规管理、向监管报送数据、报项目上会、公文下发还是报销几乎都离不开系统操作，而不适合业务需求的系统会大大降低每个人的工作效率。但是，目前做科技的人普遍没做过业务，所以，前台业务人员提的需求等到交付时经常是驴唇不对马嘴，需要花费大量的人力和物力去打补丁。如果你作为金融科技人员可以准确地把业务需求在系统中完整地实现，则可以大幅超越金融行业科技板块人员的平均水准。

综上所述，如果你是学计算机出身的，又不想去互联网企业，那么去一家比较重视科技的金融机构，性价比还是很不错的，建议在读书或工作期间也去学习一些金融行业的知识，这样个人未来的上升空间还是非常广阔的；同理，即使你是前台业务人员，如果在工作以外还有余力，也可以趁着年轻学学爬虫这些代码，不管是做研究、交易、产品还是投资，都可能会用得到。

2.7　中后台岗位

在每家公司中，除了前台岗位，也有众多的中后台岗位，它们是保证公司正常运转的坚实后盾。本节将为各位读者介绍除金融科技和产品经理以外的金融行业中其他主流的中后台岗位。

先来定义一下中后台岗位：中后台岗位指不直接面对客户、工作职能不跟企业利润直接挂钩的岗位。由此可见，中后台岗位的优点在于不直接背负业绩指标，所以，绩效考核压力普遍比前台部门要小。但是，中后台岗位的缺点也是显而易见的：工作成效不容易被直观量化，绩效可能有很大一部分取决于领导的主观评价；并且辅助支持类的工作内容较多，有些岗位的工作需要与公司内部多个部门协同完成，换句话说就是拉扯的事情经常会碰到。

综上所述，对于应届毕业生或职场新人来说，在有条件的情况下优先选择前台岗位，成长速度更快，跳槽选择也更多；但如果你在工作几年后，发现自己更擅长或更适合中后台岗位，那么转到中后台也是不错的选择。

接下来介绍一下中后台岗位的具体类型（金融科技岗位在前文中已经提及，这里就不再赘述了）。

1. 信评、评审

在公募基金或其他资管机构里，信评人员主要负责债券池的入库、筛查和持续跟踪；在银行、信托、融资租赁等金融机构里，评审人员主要负责审核贷款、同业、非标等业务。

信评岗 / 评审岗日常工作还是比较忙碌的，优点是多数为经验活儿，工作时间越长积累的经验越多，也是前台人员重点"服务 / 攻关"的对象。其缺点主要有两点：①如果前台部门有着急入库或上会的资产，那么评审可能需要经常加班；②某些资质下沉的主体如果踩雷，那么信评岗 / 评审岗可能会被迫担责，但坚持原则看对却不一定有正向反馈，所以，做信评岗 / 评审岗需要灵活的沟通技巧，注意留痕保护好自己，并熟悉监管和公司内部的各项规章制度，遇到棘手项目多请示和汇报直接领导。

2. 内审、质控

金融行业审计和监管检查十分频繁，对内控的要求也越来越高，所以，一般大中型金融机构都会设置此类岗位。内审、质控岗位的优点是如果不迎检，则日常工作较有规律；缺点是如果遇到频繁检查就会异常忙碌，经常要加班加点地提供各种材料，并且这类岗位在每家机构里基本上都是一个萝卜一个坑，市场化跳槽机会较少，内部晋升要看直接领导是否赏识和是否有位置空出来。

3. 清算、运营

清算和运营部门是绝大多数资管机构的必配部门。运营岗的工作相对来说还是比较辛苦的，而且经常要应对突发事件，如基金大额赎回等，所以，在不少机构里，运营岗是需要两班或三班倒的。此外，运营类岗位还有一个职业发展上的缺点，就是工作内容重复性较高，可以出彩的地方不多，对于个人来说上升空间也相对有限。

4. 战略规划

每家公司战略部的地位根据老板的重视程度相差极大，如果公司一把手重视战略部，那么战略部可能是整个公司核心战略的牵头部门，部门负责人也是老板身边的红人，战略规划岗的重要性也大大提高；如果公司一把手不重视战略部，那么战略部很有可能主要负责其他部门不想做的边角料工作，或者做一些务虚的研究，被归为公司的边缘部门。

战略规划岗的核心素质要求是文笔要好，不管是给领导写公文还是写研究报告，都能妙笔生花。

5. 财务、综合、人力

这几个职位在金融机构里和在其他行业里差别不大，相比较来说，人力的性价比会更高一些，尤其是在某些大型金融机构里，人力资源部在选人、用人方面有较大的话语权，人力岗位也是公司的核心岗位之一。

2.8　实操问题解答

星友 1 提问：

老师您好，我想请问券商销售，比如债销、研究所销售，需要长期实习留用吗？需要考 CPA 之类的证书吗？如果一开始的目标是研究所，没能被留用后转去做销售，有可能被留用吗？销售是不是更看重外在形象和沟通能力？有没有必要因此去做一些形象上的微调呢？

答：

建议提前跟你要去实习的部门沟通，如果有明确的实习留用机会则可以坚持长期实习，否则实习三个月左右就差不多了。是否能去做销售，要看这家券商的招人安排，不过做过研究员实习肯定是加分项。

销售需要较强的沟通能力，但是对外在形象并没有硬性要求（虽然也是加分项，也取决于你领导的风格），我见过很多外在形象一般但口碑很好的销售。

星友 2 提问：

老师您好，关于职业选择，我想请教一下。我目前在小私募里做合规，一方面，最近想转投资，请问有什么好的建议？其实我刚入行时是冲着投资方向来的，误打误撞从投助运营、风控到合规岗，可心里对投资还是有念想，不甘心，不知道已经 27 岁的我还来得及吗？ 有哪些入门方向可以推荐一下？另一方面，想换到头部私募，合规风控体系更规范一些，也不用再管杂事，只需做好本职工作，可头部私募职位只有专员，想问一下您的看法。

答：

你才 27 岁，这个年龄从中后台转前台不算晚，不过要想清楚为什么要转行、能否承担转行的机会成本。如果你想转去做研究再到投资，那么你基本上要做好重新开始的准备。

你所在的小私募管理规模有多大？募资来源稳定吗？老板怎样？如果老板还不错，公司也可以，其实内部转岗在小私募里是相对可行的方案。入门方向要看你是想做权益还是固收，权益的话就要从研究员做起，固收的话也可以考虑做交易员。

还有一条思路，像你所说的去头部私募或公募做合规人员，不过我觉得有一个误区需要提醒你：在大机构里杂事不一定更少，尤其是中后台有可能杂事更多。在中后台工作最好内部有一些熟人引荐，你的直接领导怎么样也非常重要。你可以跟同业的朋友多联系，了解动态，看哪家机构缺人，看哪个老板比较好相处。

星友 3 提问：

老师您好，没有投资交易经验的人做风控，有一种"不会踢球的人做裁判"的感觉。您从前台的角度，有什么建议给风控同事，让他们提高投资风控的专业度呢?

答:

提几点建议仅供参考。

(1)先把你所在公司的内部规章制度仔细读一读,有空的时候跟你身边资深的同事多交流,看看他们是怎么做的。

(2)作为一个新人,还是要多观察、多学习,把握不了的事情要评估一下重要性,可以问问你风控部门的同事,还是拿不准的需要向你的领导汇报,毕竟你的工作他也要承担责任。

(3)做风控态度要不卑不亢,记得该留痕的事情要留痕。

(4)做风控 / 信评还有很重要的一点,就是要跟同业多交流,有机会多听听线上或线下的路演和参加尽调活动,很多同业机构资深人员的消息还是很灵通的。

星友 4 提问:

老师您好,作为投资经理,肯定需要时刻关注和适应市场,但同时又不能完全被市场左右。每天的信息纷繁复杂,请问如何分配精力关注市场,同时保持思考? 如何学会深度的独立思考呢?

答:

我们生活在一个信息无处不在的时代,怎样获得自己需要的信息而又不被信息淹没? 我提出几点建议。

(1)要学会"断舍离",有自己固定的、较为信任的信息来源,比如看盘一般用 Wind,看固定几个渠道的新闻,研报和路演有选择性地参加,一般选择经过自己验证、比较信任和熟悉的分析师。其实这也是我创设知识星球的一个初衷,希望给大家筛选出一些有用的信息,在星球里做沉淀。

(2)要建立自己的投资框架,并不断地跟踪、验证和完善。每个人擅长的领域都是有限的,如果能把自己擅长的领域做好已经非常不错了,不用强求每个行业、每只股票都很懂,做自己擅长的事情就好。这也是我在之前谈到的，为什么有些基金经理管理几亿元资金的时候管得很好，但是管理的基金规模太大时业绩就不行了，因为这已经超出了他的管理半径。

（3）每天需要留出自己深度思考的时间。说实话，在交易时间段基本上很难集中精力去深度思考，所以，做投资很重要的一点就是要勤奋，需要你每天在交易时间段之外抽出时间去学习和思考。

星友 5 提问：

老师您好，我想问一下，以宏观策略作为起点入行和以行业研究作为起点入行对于成为基金经理在投资方法、晋升路径等方面会不会有什么不同？感觉大多数基金经理都是自下而上选股的，不知道和入行的时点会不会有关系呢？

答：

这是一个很有意思的问题，的确会有不同。如果是做宏观策略出身的投资人员，那么他的一些投资偏好的确会和行业研究员不大一样（尤其是做 TMT 出身的研究员）。其实市场上的投资策略也是多种多样的，比如一些私募基金就是专门做全球宏观配置方案的。但如果你让我实话实说，我觉得目前在 A 股市场中，做行业研究员晋升为基金经理的机会更多，因为策略研究员真的很难做。

你会感觉到"大多数基金经理都是自下而上选股的"，其实不如说是因为最近五年涨得最好的股票以新兴行业为主，所以，覆盖这些行业的研究员就会比其他行业的研究员给基金经理推更多的牛股，在公司内部的话语权就会更大，也会有更多机会升任基金经理，所以，入行的时点的确也是很重要的。

星友 6 提问：

券商销售的核心竞争力是什么？

答：

做出自己的风格。

比如，你可以选择做一名研究型的销售，把自己放到研究员甚至基金经理的位置去思考问题。业内人常说，好的销售相当于半个策略研究员，你要对各个行业，包括宏观、策略、债券、商品都有一定的了解，这样才能更好地解决服务对象机构客户的需求和问题。

另外，有些销售擅长链接资源，跟他相处很舒服，他可以把很多关系联系到一起。

第 3 章

金融行业之券商

提到券商，你首先会想到什么？在一些人的眼里，券商或者更洋气的名字投行（Investment Bank）是精英人士云集、交易动辄上亿元的地方；在另一些人的眼里，在券商那里工作意味着无休止的出差、加班和竞争。在这里我会以一个券商过来人的视角，向大家展示券商的真实全貌。

3.1　券商不仅有投行

就像标题所说的券商不仅有投行：发展到今天，证券公司可以做的事情越来越多，并且与海外投行相比，未来还有广阔的提升空间。截至 2022 年年底，我国持牌券商总计 140 家 [①]。

1.券商的"江湖地位"

很多朋友可能很感兴趣这些券商的"地位"是怎样的，在这里先问大家一个冷门问题：你知道国内第一家券商是谁吗？答案并不是我们所熟知的"三中一华"——中信证券、中信建投、中金公司、华泰证券，而是一家早已退出历史舞台的券商——深圳经济特区证券公司。提这个问题是想说明券商行业是一个典型的周期行业。金融行业有一句话，即"券商在熊市要布局牛市，而在牛市要为必将到来的熊市提前布局"，就很能说明周期性这个特征。

券商行业的波动性大，所以，行业竞争格局也在不断发生变化，不管是头部券商争排名，还是中、小券商力争脱颖而出的机会，竞争都是相当激烈的。

回到券商"地位"的话题，先说官方的版本。每年 7—8 月证监会都会

---

① 　数据来源：证监会官网"证券公司名录（2022 年 12 月）"。

公布证券公司的分类结果，共分为 A（AAA、AA、A）、B（BBB、BB、B）、C（CCC、CC、C）、D、E 五大类十一个级别。根据《证券公司分类监管规定》，评价主要依据资本充足、公司治理与合规管理、全面风险管理、信息技术管理、客户权益保护、信息披露六类监管指标。以 2021 年为例，A 类、B 类和 C 类券商的占比大概为 5 : 4 : 1，基本上被评为 AA 级的券商以头部公司为主，A 评级的有一些近年来表现优秀的精品券商，C 级或以下的基本上是吃过罚单或者资质较弱的小券商。在选择经纪商或找券商工作时，可以把监管评级作为重要的参考依据。

小贴士：

我国第一家券商是什么时候成立的？

1987 年，我国第一家券商——深圳经济特区证券公司成立，成立时间甚至早于上交所和深交所的开立时间（上交所和深交所的开立时间分别为 1990 年 11 月 26 日和 1990 年 12 月 1 日）。深圳经济特区证券公司在 2001 年增资扩股到 6 亿元，后更名为巨田证券。但到 2006 年，因为存在较大的客户交易结算资金缺口，被证监会采取限制业务措施。到 2006 年 10 月，其经纪业务及所属证券营业部被招商证券托管。我们从后文的讲述中也可以感受到，券商的兼并重组在整个行业历程中是非常普遍的现象。

需要注意的是，监管评级跟券商的"江湖地位"并不完全挂钩，监管评级更看重券商在合规和风险管理方面的表现，比如光大证券在 2014 年因为"一阳指"事件，评级直接调为 C 类。如果监管评级过低，那么这家公司肯定在治理和合规管理方面被查出了一些问题。

除了监管评级，还可以查看证券公司的业绩排名，将其作为评判依据，具体可以参考中国证券业协会的官方网站数据。以 2021 年为例，证券公司 2021 年经营业绩指标排名情况涵盖总资产、净资产、营业收入、净利润、净资产收益率、证券经纪业务收入、代理销售金融产品收入、投资银行收入、资产管理业务收入等 38 项指标，基本覆盖了证券公司的主流业务品种。这里建议重点可以参考净资本、营业收入、净利润、净资产收益率这几个指标。如果你具体想去做哪块业务，则可以参照某大类业务的营收指标（研究所比较特殊，还需要参考新财富排名和派点等数据）。另外，看业绩排名既要看最近一年的绝对值，也要看过去三年的增速变化，从中可以观测到这家券商的发展势头。

除了监管评级和业绩排名这两个有客观数据的评判标准，选择哪家券商就跟选择你想投资的股票一样，需要评估它在发展战略、管理模式、公司文化与人才储备等方面是否处于一种比较理想的状态。

如果你想要更直接的结论，那么在目前时点，"三中一华"是行业公认的龙头，除此之外，像国泰君安、海通证券、广发证券、招商证券、申万宏源、兴业证券等都可以算是颈部券商，而东方财富、东方证券等券商凭借在财富管理方面积累的优势，近几年也是异军突起，做得很有特色。

2. 主营业务板块

讲完券商的"地位"，再来聊一聊券商的主营业务板块。很多人对券商的固有印象可能还是传统的投行或经纪业务，但其实最近 10 年券商行业的收入结构发生了不小的变化，传统的经纪业务占比逐步走低，从 2010 年的超过 50% 降为 2021 年的 31%，而财富管理（主动管理 + 代销产品）、自营（衍生品 + 做市 + 股权跟投）等业务占比在不断提升。在接下来的几节里，将向读者剖析近年来券商主营业务板块的变化和未来的发展趋势。

3.2 投行竞争与机遇

先从大家耳熟能详的投行业务说起。投行业务是券商传统业务中的轻资本业务，占券商收入的比例在 14% 左右（美国的投行业务收入占比约为 10%）。投行业务按照业务类型可以划分为股票承销（包括新三板和北金所精选层）、债券承销（包括资产支持证券等品类）和并购业务等方向。

1. 股票承销

对于股票承销业务来说，近年来最大的变化是从核准制转向注册制。2019 年 7 月科创板开市，2020 年 8 月创业板开始实施注册制，2021 年 9 月上交所和深交所推出打新新规，2021 年 12 月中央经济工作会议提出"全面实行股票发行注册制"，2023 年 2 月证监会就全面实行注册制主要制度规则公开征求意见，全面注册制可以说是渐行渐近。

注册制相比于核准制而言，监管对股票发行的干预更小，预计未来单个 IPO 项目的上市审批时间会大大缩减，IPO 发行节奏将维持高位。像过去审核收紧时，一个投行业务主办因为 IPO 项目迟迟未上市，在某个小城市里一待待上一两年的情形以后也会愈发少见。

不过，可以预见的是，随着监管鼓励"专精特新"等中小市值公司上市，以后单个 IPO 项目的金额可能也会随之降低。近年来还有一件让所有投行从业人员都高度关注的事情，即监管对项目尽职履责和严格信息披露的要求在显著提升，也就是虽然上市企业的门槛降低了，但是对投行从业人员的责任要求却没有降低，甚至以后会更加严格，毕竟一级市场大央企、大国企 IPO 的个数会越来越少，科创板和创业板的企业市值虽小，却对投行从业人员的尽调环节提出了更高的要求。比如，2021 年 12 月，证监会就针对联想上市问题问责中金公司和项目组相关人员，认为保荐商"未勤勉尽责对发行人科创属性认定履行充分核查程序，主要依赖发行人提供的说明性文件得出结论性意见，相关程序及获取证据不足以支持披露内容，未能完整、准确评价发行人科创属性"。

小贴士：

核准制： 上市公司股票申请上市须经过核准的证券发行管理制度。发行人在申请发行股票时，不仅要充分公开企业的真实情况，而且必须符合有关法律和证券监管机构规定的必要条件。

证券监管机构有权否决不符合规定条件的股票发行申请。证券监管机构对申报文件的全面性、准确性、真实性和及时性进行审查，还对发行人的营业性质、财务状况、经营能力、发展前景、发行数量和发行价格等条件进行实质性审查，并据此做出发行人是否符合发行条件的价值判断和是否核准申请的决定。核准制是从 1997 年 7 月 1 日在我国开始执行的。

注册制： 证券发行申请人依法将与证券发行有关的一切信息和资料公开，制成法律文件，送交主管机构审查，主管机构只负责审查发行申请人提供的信息和资料是否履行了信息披露义务的一种制度。只要满足规定的上市条件，无须证监会发审委核准就可以上市。注册制是目前成熟资本市场普遍采用的发行制度。

在推行全面注册制后，对券商投行业务的定价能力、销售能力和全产业链的投融资服务能力也提出了更高的要求。在市场化询价定价发行方式推出后，取消了 23 倍市盈率的限制，赋予券商更大的定价权。企业选择定价和销售能力更强的券商，可以保证上市后股价大概率上涨，避免出现上市即破发的情形。

未来新兴行业上市企业预计占比会越来越高，券商对企业的服务也会覆盖从初创期、发展期到成熟期的全生命周期。证券公司不只承担保荐券商的单一职能，还会从全产业链链条去服务准上市公司，挖掘一级和一级半的跟投机会，赚取企业价值增值收益也是券商未来的盈利增长点之一。

这就需要券商具有足够丰厚的资本金和专业能力较强的自营投资团队，并与投行团队打好配合。

2. 债券承销

债券承销部门在前几年日子过得还是不错的，通过发行城投债、民企债和房地产债，承销费赚得盆满钵满，而且在 2014 年以前债券市场的违约率一直维持在一个极低的水平，所以，做债券承销即使主体下沉也问题不大。但在 2014 年以后，违约事件逐渐从债券市场的偶然现象变成一种常态化事件，国内的信用债违约率水平逐渐接近国际平均水平，这对券商选择客户提出了更高的要求。

对于中小券商来说，好的客户抢不过大型券商，民企债、房地产债、区县级城投平台债一个比一个难发，好不容易发出去还要担心出现违约的情况。像德邦证券因为承销五洋债未充分核查发债主体情况而被处罚，不仅要赔偿投资人损失，而且对整个公司的声誉也造成了很大的影响。

对于大型券商来说，虽然在获取优质客户方面相比中小券商有很大的优势，但市场上优质的发债主体普遍要求很高，既要求发行价格低于市场可比竞争对手，又要求把承销费压到地板价，甚至可能出现做完一笔债券承销业务，券商扣除各种成本的承销费还不如评级机构和律师事务所挣得多的情况。有些发行人还要求主承销商包销，不达目标价格不罢休，所以，有些低于市场估值水平的债券最后剩下的额度只能靠券商包销，通过贴承销费赔本赚吆喝。

资产支持证券在 2014—2018 年可以说是一片"蓝海"，有些中小券商也靠着资产支持证券承销脱颖而出。但近年来资产支持证券市场发行增速下滑，竞争激烈，头部券商逐渐占据主导地位。

所以，跟股票承销业务相比，债券承销的内部竞争程度更高。面对现实，债券承销人员一方面要苦练内功，在违约常态化的市场中对尽职履责方面要做到尽善尽美；另一方面，券商部门内部间的协同（比如做市交易等）对债券承销的作用也越来越大。

从整体来看，投行业务以前小作坊式、小团队制、散兵游勇的作战方式想要抢占到市场份额会愈发困难，预计投行业务整体会呈现集中度提升态势。不过，对于一些细分领域，参考海外经验，一些小而美的精品投行依然会分得一杯羹。

3.3　研究所转型之路

在"职业路径之证券分析师"中已经详细介绍了分析师需要具备的素质、技能树、工作日常和职业发展路径，本节将介绍一下券商研究所的发展历程。其实券商研究所（在有些证券公司里叫研究部或研究中心）严格来说应该属于公司的中台部门，虽然它可以通过买方机构分仓派点获得收入，但是这点收入相比券商的整个营收还是非常微薄的，那为什么券商研究所在整个券商体系下是非常重要的一环呢？这主要是因为券商研究所是展示券商形象和研究能力的门面，研究业务可以作为券商几乎所有业务的纽带和桥梁为公司创造直接和间接价值，这就是我们通常所说的在券商"卖方建立资源，买方创造收入"。

券商研究所能取得现在的"地位"也不是一蹴而就的，我有幸见证了券商研究所最辉煌的岁月，当然这也离不开新财富评选这个第三方的推波助澜。长江后浪推前浪，下面就来回顾一下研究所的发展历程。

1. 萌芽阶段

在老牌券商中，申万研究所成立于 1992 年，国君研究所成立于

1995 年。那时的资本市场还是一个股评家当道、营业部大讲特讲看图炒股的年代，券商研究所规模小且以对内服务为主，在当时的环境下，券商分析师也没有一个好的发声窗口可以表达自己的观点，更别提建立自己的市场影响力了。

2. 起步阶段

进入 2000 年后，券商研究所的重要性逐渐凸显，一个标志性事件就是 2003 年第一届新财富评选的横空出世。

新财富评选借鉴国际惯例，首次启动由国内机构投资者投票评选分析师的方式，当年的评选由基金经理直接提名分析师并回收调查问卷为分析师打分，首届评选出 26 个研究方向的"最佳分析师"（以上数据来源于新财富官方网站，下同）。

可以看到，彼时的新财富评选还只是一个小范围的评选活动，打分人员的数量比现在参选人的数量都要少很多。

有了第三方的公开评选，券商研究所就有了一个衡量标尺，券商分析师的个人价值得以展现给市场，并根据新财富的排名予以定价。新财富可以说改变了很多分析师的命运，可谓时势造英雄。

在 2004 年第二届新财富评选中，研究方向从 26 个增加至 29 个，推荐候选分析师 450 余人，向 126 名基金经理发放选票及问卷，选票实现了 100% 的回收率。

2005 年，研究方向增加至 32 个，投票主体扩大至公募基金的基金经理和研究总监、社保基金经理，券商推荐候选人 550 多位，机构投票代表增加至 251 位。

为了编写本节内容，我特地在新财富官方网站上翻阅了最佳分析师的历届榜单，在第一届评选中，奖项基本被中金公司、国泰君安和申银万国包办；而在 2004 年的第二届评选中，出现了中信证券、平安证券、光大证券、招商证券等新面孔；在随后的几年里，每年都会有一些新的券商加入新财富的评选中。

3.高速发展阶段

经历了 2007—2008 年的过山车行情后，在 2008 年年底刺激经济政策的带动下，国内经济和股市又迎来了一波新的上涨行情。2008—2018 年可以说是券商研究所的黄金时代。

新财富参评分析师从第二届的 400 余人扩大至顶峰时期的 1 500 余人，机构投票人数达到 3 000 ~ 4 000 人，覆盖的买方范围不仅限于公募基金，还扩大至保险公司、QFII、银行、私募基金等机构。每年的新财富拉票季成为券商研究所一年一度最重要的日子，在那段时间里，团队非核心员工带着实习生疯狂写报告，首席和团队骨干需要到各家有投票权的机构去路演拉票，除了常规的路演外，送卡、出小册子、写诗等各种招数更是层出不穷。之所以竞争如此激烈，是因为新财富上不上榜在很大程度上决定了这支团队在业内的地位，并直接影响首席的薪酬和职级。所以，在很长一段时间内，券商分析师把进新财富前五当作第一要务，甚至和研究工作本末倒置。

站在现在的时点回顾过去，套用狄更斯在《双城记》里的一句话："这是一个最好的时代，也是一个最坏的时代。"正因为有新财富评选的存在，很多没有背景的年轻分析师可以快速逆袭成为行业大佬，不依靠平台，而依靠自己的努力和拼搏身价倍增，这在同时期不管是投行业务还是其他券商业务条线的同事都无法做到的事情。但也正因为有新财富评选的存在，助涨了部分从业人员急功近利的风气，比如不注重深度研究，不能为所在的券商提供足够的研究价值，在新财富拉票季使用各种手段抹黑同行，在新财富评选时真正研究做得好的分析师却比不过会拉票的分析师等。

2018 年 9 月新财富拉票季，某证券分析师爆出负面新闻，影响较大，使得 30 余家券商在当年紧急宣布退出新财富评选，新财富也最后决定暂停 2018 年度最佳分析师评选。其实在此之前，新财富评选的权威性和热度就已经在走下坡路了，最先是中金公司于 2012 年宣布退出新财富评选，接着另一家行业龙头中信证券也于 2015 年正式宣布不再参与新财富最佳分析师机构的评选，越来越多的研究所考核不再唯新财富论。

4. 转型阶段

在 2018 年以后，券商研究所依然是炙手可热的应届毕业生求职领域之一。2019 年，中国证券业协会发布的《证券分析师参加外部评选规范》规范化了券商分析师评选的各种要求。大型券商淡化了新财富等各种评选的权重，研究业务更加精细化，针对不同层级客户的需求配置研究力量，比如在海外市场研究、前瞻性行业研究、衍生品、大类资产配置、金融产品等领域设置研究团队；在客户覆盖方面，传统的公募基金服务虽然仍然非常重要，但是券商也不断加强对私募基金、QFII、银行理财子公司、企业客户等更广泛客户群体的服务；在内部协同方面，如前所述，随着投行业务全面推行注册制，研究的定价能力愈发重要，未来大型券商也更强调研究与投资、一级与二级的联动。

对于中小券商来说，搭建一个强有力的研究所依然是弯道超车的重要战略举措之一，几乎每年都有一些券商"招兵买马"打造明星研究团队，比如当年的安信证券，近年的中泰证券、国盛证券和浙商证券等，通过研究服务树立品牌形象，从而为整个公司获取更多的业务、创造更多的价值。

3.4 大财富管理时代

在前文中提到传统的经纪业务占比连续下滑，个人客户的佣金费率已经下跌至地板价。在传统的经纪业务无法给券商带来更多的增量业务之时，财富管理的重要性就愈发凸显。

财富管理可以归结为两条主线。

一条主线是代销产品，主要考验券商的综合销售能力。

在资管新规正式颁布后，一方面，银行理财和信托产品等预期收益型产品大幅减少并打破刚兑；另一方面，在"房住不炒"的大背景下，占居民投资大头的房地产资产预计在未来占比会不断下降。从中长期来看，居民资产将从房地产向金融类资产转移，配置权益型产品的比例会不断提升，券商的客户群体决定了券商在代销此类权益型产品上具有天然的优势。还有一些券商，如东方财富通过旗下的天天基金网进行互联网引流，形成了财经资讯＋数据和信息服务＋第三方基金代销的生态圈，由财富管理带动经纪业务市场份额快速提升。

另一条主线是管产品，主要考验券商的综合投研能力。

在资管新规正式颁布后，券商行业的存量通道业务逐渐萎缩和被清退，行业整体管理规模从 2017 年高点的 18.77 万亿元下降至 2021 年年底的 10.88 万亿元。随着一批券商加快主动管理转型的脚步，券商资管业务的规模挤掉了水分，主动管理规模在不断上升。

券商资管主动管理产品的机遇主要来自两个方面：券商资管公募基金牌照和买方投顾业务。2020 年 7 月出台的《公开募集证券投资基金管理人监督管理办法（征求意见稿）》规定，同一主体同时控制一家基金公司和一家公募持牌机构可以申请公募牌照，也就是"一参一控一牌"。有了公募基金的牌照，券商资管可以凭借自己在投研方面的优势与公募基金竞争。截至 2022 年年底，已有十几家券商资管拿到公募牌照。

另外，截至 2021 年年底，已有 24 家券商拿到基金投顾试点资格。买方投顾业务可以加强券商传统经纪业务客户的黏性，从简单的买卖交易转变为资产配置，从而打开券商营业网点收入的新增长点。这需要券商资管了解客户的风险偏好和交易习惯，针对不同风险偏好的客户筛选与之相匹配的产品组合。

除了个人客户，机构投资者如理财子公司、上市公司、境外机构都是券商增量委外的投资者。为机构客户设计产品和产品组合需要券商各个部门如衍生品部门、研究部、交易部门、投行部、资管部门等通力协助，为客户提供最优产品方案。

3.5　重资产业务崛起

在本章前几节内容中分别提到了券商的投行、经纪、财富管理（包括投顾等）、研究几大功能板块，这四大板块有一个共同点：它们都属于券商的轻资产业务，也就是不耗用券商自身资本、主要依靠券商牌照优势经营的业务。目前这类轻资产业务取得的营业收入大概占券商总营业收入的一半。

本节将重点介绍券商的重资产业务，也就是券商通过资产负债表的扩张取得营业收入和利润的业务。

从近年来国内券商行业趋势来看，券商整体轻资产业务收入占比在小幅下降，而重资产业务收入占比在不断提升。

放眼来看全球投行的发展历程，重资产业务尤其是资本中介业务是全球投行盈利的重要来源。但我国由于分业经营、分业监管的行业架构，券商不能使用客户保证金，无法像银行一样吸收存款，券商行业的杠杆率远低于银行和保险机构的杠杆率，国内券商的杠杆率为 3 ～ 4 倍，银行业的杠杆率达到 12 倍左右，而海外头部券商如高盛集团、摩根士丹利等的杠杆率都在 10 倍以上。由此可以看出，我国的证券公司在杠杆率方面有较大的提升空间，行业头部券商也越来越重视重资产业务的发展。

券商的重资产业务概括起来可以分为两大业务板块：投资业务和资本中介业务。

1. 投资业务

传统的投资业务是券商用自己的钱获取投资收益，如果进行权益性投资，那么在牛市时通常会获利颇丰，但到熊市时可能会出现巨额亏损，比如某头部券商在 2011 年由于自营部门投资股票出现大幅亏损，导致整个部门人员洗牌。所以，券商的自营盘大多以固定收益投资为主，辅以较小比例的权益类投资敞口，减小自营投资收益的利润波动。

2. 资本中介业务

下面再来看重资产业务的第二大业务板块——资本中介业务，这也是近几年券商重资产转型的战略方向。

资本中介业务是利用券商自身的资产负债表，通过产品设计满足客户投 / 融资需求的业务，具体包括融资融券、股票质押、场内衍生品、场外衍生品、FICC 交易做市等业务品种。

资本中介业务相较于传统的自营投资业务对于证券公司的核心优势在于从方向性投资转向非方向性投资（代客业务）赚取息差 / 价差 / 佣金，券商通过做市、对冲等方式可以有效控制风险敞口，取得稳定的盈利收入。

比如券商的融资融券业务，融资融券交易是指投资者向具有本所会员资格的证券公司提供担保物，借入资金买入本所上市证券或借入本所上市证券并卖出的行为。例如，截至 2022 年年底，沪、深两市融资融券余额达到约 1.5 万亿元，券商融资业务的利息率在过去几年里的行业平均水平为 6%～8%，而券商尤其是头部券商可获取的融资成本较低；目前融资业务的发展已经非常成熟和标准化，是券商稳定的收入来源之一。融券业务受限于券源不足及做空机制不完善等原因，发展较为缓慢，但随着科创板做空机制的完善，预计融券业务的发展空间也将不断被打开。

股票质押业务也是券商传统的重资产业务之一，但由于在上一轮牛转熊行情下，券商股质押业务"爆雷"较多，大多数券商已经压缩了这个板块的投资占比，从而改善资产质量，降低整体风险水平。

场内外衍生品交易可以说是这轮重资产业务崛起的"排头兵"，具体品种包括 ETF 期权、收益互换、场外期权等。比如收益互换的业务模式为券商与客户根据协议约定，在未来某一期限内针对特定标的的收益表现与固定利率进行现金流交换，是重要的权益衍生工具交易形式，收益互换的标的包括股票、股票指数及其产品、债券、商品等。

场外期权是指在非集中性的交易场所里买卖双方的非标准化金融期权合约的交易。期权结构包括二元结构、鲨鱼鳍结构和雪球结构等。投资者可以通过购买收益凭证等结构化产品参与场外衍生品市场，券商在其中主要赚取期权费，通过出售波动率和对冲风险来获得盈利。

如前所述，不同于传统的重资产业务，场内外衍生品等创新型资本中介业务主要依靠的是券商的交易定价、产品设计能力和资本实力，券商针对不同客户的不同需求设计出帮助客户实现风险对冲或构建投资头寸的产品，这种非方向性的业务规模越大，风险转移的可控性就越强。

这类创新型的资本中介业务虽然发展前景向好，但监管对券商的综合实力也提出了更高的要求，比如截至 2022 年年底，获得场外一级交易商的券商仅有八家，而根据相关规定，二级交易商仅能与一级交易商进行个股对冲交易，未成为交易商的券商不得与客户开展场外期权业务。因此，像中信证券、中金公司、华泰证券这几家头部券商在创新型资本中介业务上更具有先发优势和规模优势。

此外，券商重资产业务需要耗用资本金，所以，近年来券商的融资需求是比较旺盛的。目前券商的负债工具主要包括短融、公司债、金融债、次级债、配股、可转债、券商收益凭证等。例如，中信证券在 2021 年 6 月的公司配股公告中写到："公司 280 亿元配股中 190 亿元计划投入资本中介业务（包括融资融券、股票质押、收益互换、股权和大宗商品衍生品、做市交易、跨境交易等业务）。"

融资渠道越多元化、融资成本越低廉的券商在重资产业务中可以获得更为雄厚的资本金优势，所以，券商重资产业务是一个头部效应十分显著的业务。如果你想以场外衍生品业务作为职业发展方向，那么，建议你首选交易量较大的头部券商。

3.6 券商部门的地位差异

这节的标题我首先声明是一个"标题党"，就像本篇开头所述，券商行业是一个典型的周期行业，这个周期性不仅体现在券商行业的整体波动性上，也体现在一家券商不同部门之间，比如，股债的表现在大多数时期是不同频的，这也就导致做股和做债的部门一年的业绩情况可能是冰火两重天。

在我的职业生涯中，我见过很多部门辉煌和惨淡的时刻。从整体来说，前台业务部门的发展情况好于中后台部门的发展情况，券商的总部和分公司／营业部之间的待遇和发展情况也有显著的差别。下面先从中后台部门开始说起。

1. 中后台部门

券商的中后台部门主要包括人力资源部、战略规划部、总办 / 董办、清算部、信息技术部、托管部、综合管理部等。每家券商的叫法不大一样，有些设成一级部门，有些可能内嵌在其他部门里，但基本上每家券商都会有这些设置。

中后台论薪酬和职业发展的速度综合来讲不如前台，如果没有强相关背景，则能去前台部门尽量去前台部门。

如果追求性价比高、资源足够多，人力资源部、战略规划部、总办 / 董办相对来说比较推荐，尤其是总办 / 董办有更多的机会跟领导打交道。

相对来说，比较辛苦的部门是清算部、信息技术部、托管部和综合管理部。托管部的从业者常戏称托管部是丙方，不仅要满足甲方的需求，也要满足乙方的需求。

2. 股票销售交易部和债券销售交易部

这两个部门都是对接机构客户的部门，建议读者评估一下自己是否适合做销售。这几年各家头部券商都非常重视销售板块，销售队伍也是扩张得越来越庞大。如果能早些入行或能占到好位置，手上能分配到优质客户，那么，做销售的工作性价比还是不错的。

3. 研究所 / 研究部

大体来说投行部和研究部刚入行的员工是最累的，不过这几年我感觉研究部的地位比我入行时有了不小的提升，核心原因还是经济基础决定上层建筑。从 2019 年开始的股票牛市使得不少卖方分析师脱颖而出，券商研究所也是最不占用公司资源的部门之一，所以，不管是大型券商还是很多中小券商，都非常重视研究所的建设和人员引进，卖方分析师的跳槽难度可以说是几个部门里最低的。

在前面的章节中专门介绍了研究所的发展历程，在此不再赘述。对于没什么背景的普通人来说，研究部的优点是晋升通道清晰，不管是看新财富还是看派点都有一把尺子可以衡量研究员的市场价值，只要肯吃苦耐劳、研究基础过硬，并且坚持下来，最后都能得到一个不错的薪酬待遇。

当然，研究部的缺点也是显而易见的：刚入行时加班是很辛苦的，等到入行 1 ～ 2 年后，基本上行业研究员就不会常待在办公室里了，有的研究员一年有 300 多天都在外面跑，在客户那里碰到他的概率要大于在公司里碰到他的概率。

4. 投行部

投行部一般来说包括股票承销、债券承销和并购重组等几个方向，有些券商会把新三板 / 北金所精选层单独拎出来成立独立部门，还有一些券商将债券承销放在固定收益部，将资产支持证券放在资产管理部，在这里统一把一级承销相关业务部门一起来讲，具体到读者找工作的时候，还是要问清楚具体的业务在这家券商中是放在哪个部门的。

投行部还是比较注重资源优劣和多少的，客户资源禀赋强的组和弱的组差距着实不小，所以，如果社招入行建议还是先咨询清楚。

债券承销如前所述在违约事件比较稀少的过去还是比较容易做的，部门发发城投债、民企债、房地产债，承销费赚得也不少，但近年来违约事件频发，监管查得越来越严，好的客户承销费率一压再压，差的客户要么发不出去，要么发出去了也要担心踩雷，日子也就没那么好过了。

并购的话建议去头部券商，中小券商并购业务在当前市场上可能一年都碰不上一两单。

5.资产管理部门／资管子公司

券商资管的具体业务在"大财富管理时代"一节有详细介绍，在资管新规打破刚兑和资金池后，通道业务大幅萎缩，未来券商需要拼主动管理能力，与公募基金等资管机构直接竞争，很多中小券商在投资能力和募集能力方面都不占优势，所以，建议读者优先考虑头部券商资管部门，去之前详细了解一下投资团队的实力和稳定性。

6.权益自营部门

这里指的是有方向性的权益投资。其实每家券商的风格差别很大，如果市场好，肯定是很赚钱的，但如果市场不好，收益也很惨淡。权益自营部门通常是"卧虎藏龙"，有机会进去学习一下还是不错的。

7.固定收益部

固定收益部是我刚入行时最羡慕的部门，但这几年有地位下降的趋势。前几年固收自营还是很好做的，奖金也不少，但这几年地位下降，主要是因为监管趋严，还有债市收益率越来越低但"爆雷"事件越来越多，像过去一样拿着高收益品种持有到期的机会越来越少。

8.其他前台业务部门

其他前台业务部门包括融资融券部、资金运营部、另类投资／股权投资条线、股权衍生品条线、经纪业务管理部、股票销售交易部、债券销售交易部、资金运营部等，每家公司的叫法不大一样，有些中小券商设置得也没有那么全。

融资融券部主要做一些两融业务（融资、融券业务），整体工作状态和性价比都还是不错的。

另类投资 / 股权投资条线主要做一些 PE/VC 项目，这块业务体量如何主要看公司战略和管理层的投资水平。

股权衍生品条线主要做一些代客和自营的衍生品业务，比如期权套保等，在券商的总收入盘子中占比不大但增速很高，是券商的战略发展方向之一，这几年属于闷声发大财的部门，背景合适且有机会的话推荐去。

经纪业务管理部一般来说是管理各营业部网点的，要给营业部网点提供产品和营销思路、研究支持等，更偏向于一个管理部门，具体的活儿由营业部去做。

资金运营部可以看作券商的司库，它主要做一些内部资金的管理。这个部门虽然对外很低调，但是对内权力还是很大的，性价比高，考核压力不大，如果有机会去也是推荐部门之一。

9. 分公司 / 营业部

券商的营业部有点儿像银行的支行网点，以赚取客户佣金费率为主要收入来源，如果手上有大客户还好，但大部分没有资源的客户经理在经纪业务费率逐年下降的大背景下日子还是不好过的。近年来，券商也在加大各类金融产品的代销力度，给一线人员的销售压力也是不小的。所以，如果你去券商那里应聘，能去总部的话一定要去总部。

因为每个人适合从事的工作岗位、券商之间的差异各不相同，所以，本节内容仅供读者参考，肯定是适合自己的才是最好的。

3.7 实操问题解答

星友 1 提问：

老师您好！我是应届硕士毕业生，目前拿到了某券商的资本市场部暑期实习 Offer，但是在 ECM（资本市场部）和 DCM（债券类资本市场部）的选择上个人却不是特别了解，想请教一下老师。

答：

ECM 和 DCM 分别是股票和债券的资本市场部，和销售还是有区别的。这个部门相当于销售部门和项目组之间的桥梁，主要负责沟通和定价等工作。

具体到你的问题，其实我觉得 ECM 和 DCM 的工作内容差不多，你可以考虑以下因素：你要去的券商是股更强还是债更强，哪边的直接领导更适合你，留用机会更大。

资本市场部的从业人员需要有比较强的沟通能力，对市场情况和规则也要比较了解。

星友 2 提问：

老师您好！您觉得行研和股衍销售，哪个更好呢？从收入、工作时长、未来前景、退出路径等角度进行分析呢？

答：

（1）收入：行研的收入上限更高，股衍销售建议去大平台，可以销售的产品比较多。

（2）工作时长：卖方行研肯定比股衍销售要辛苦，买方要看具体是哪个平台，有些保险资管包括公募基金，整体时间强度不大。

（3）未来前景：从个人竞争力来说，行研的未来前景要好于股衍销售的未来前景。

（4）退出路径：股衍销售的退出路径包括内部晋升、跳槽去其他券商或者其他金融机构比如私募等；行研的退出路径包括转买方、做投资、去上市公司等。

星友 3 提问：

老师您好！有几个问题想请教一下：

（1）对于无社会资源的应届毕业生而言，债券承做会是第一选择吗？听前辈说，在承做岗位上 10 年的再怎么样也不会只是承做，辅助承揽／项目负责人薪水还是很不错的，对此应该怎么看待？是不是能凭借过硬的技术闯出自己的一片天地呢？

（2）近来爆出的某个竞业协议属实瞩目，想请教老师，如果碰到券商要求签类似协议的情况，应该采取什么态度，或者说做些什么保护自身的利益呢？

（3）在永煤之后信用债市场开始有点儿难做，如果考虑到职业综合选择，我个人觉得未来资产支持证券和公募 REITs（不动产投资信托基金）会是发展比较迅速的一个细分领域。暑期我选择了大型券商的城投债相关承做岗位增强简历，但若有选择，秋招或者长远职业规划个人也比较偏向走资产支持证券／公募 REITs 这个方向，尤其是公募 REITs，会不会是近几年的"蓝海"呢？想听听老师的意见，谢谢！

答：

（1）应届毕业生如果无特定对口资源基本都是从承做开始的，自己积累了资源后会逐渐成为承揽人员、项目负责人、团队负责人等，未来你能争取到什么资源肯定要靠自己的积累。

（2）竞业协议的确是一个不可避免的问题。说句实话，在现在的市场上，不管是金融行业还是其他行业，大多数职场人士相对于公司来说都是绝对的乙方。如果你觉得竞业协议中有跟你未来规划明显冲突或无法做到的地方，那么我建议你尽量就不去这家公司，基本上这种协议不大可能允许你一个人不签。还有一种实用的办法就是跟 HR 和公司内部搞好关系，在离职的时候不要跟任何人说你去哪个下家，到了下家如果在竞业期也要低调一些。通常来说，如果你并没有掌握绝密信息，跟公司相处得也比较好，那么 HR 在大多数情况下是不会启动追诉的。

（3）资产支持证券在经历了 2014—2015 年的快速发展之后，现在其实已经是红海市场了，选 ABS 跟选债券的差别不大。如果是公募 REITs，我个人觉得取决于未来的政策导向，如果是大型券商可以考虑，中小券商建议谨慎考虑。

第 4 章

金融行业之银行

银行是我们每个人在日常生活中都会接触到的金融机构，存钱、申请信用卡、办理房贷等都要跟银行打交道，银行也是从业人员人数最多的金融行业子板块之一。但是，很多人可能并不了解银行的运作机制、盈利来源和组织架构，以及银行不同部门之间如何进行职位选择，在本章中，我想较为客观、全面地讲一讲银行业的那些事儿。

4.1　银行的运作机制和盈利来源

可以把银行分成五大类：政策性银行、国有大行、股份制银行、中小银行（包括城商行、农村金融机构和民营银行等）和外资银行。这五大类银行承担的职能和治理机制都有所区别，在入行前需要慎重想清楚。

4.1.1　银行分类

按照上面的分类，对这五大类银行进行详细介绍。

1.政策性银行

政策性银行是由政府创立，以贯彻政府的经济政策为目标，不以在特定领域开展金融业务营利为目的的专门金融机构。在我国有三家政策性银行，分别为中国农业发展银行、国家开发银行和中国进出口银行。政策性银行不用拉存款也不愁放贷款，这主要是因为政策性银行的贷款通常都有国家相关政策优惠，符合条件的贷款期限长、利率低，是各家企业优先选择的融资渠道。政策性银行服务的对象也都是大中型企业和重点大项目。

从架构上来说，政策性银行的组织架构分为总行、省分行、地市分行和支行，层级越高，管理职能比重越大。

政策性银行从严格意义上来说更像政府机关，而不是以经营为目的的企业单位，所以，职业发展建议也比较清晰：如果想走市场化职业路线，建议不要考虑政策性银行；如果追求稳定，本身更偏好事业单位和公务员的发展路径，那么政策性银行是比其他商业银行更好的选择方向。

2. 国有大行

国有大行指中国工商银行、中国农业银行、中国银行、中国建设银行、交通银行和中国邮政储蓄银行六家银行，在银行业金融机构法人名单中机构类型统一为国有大型商业银行，是由国家（财政部、汇金公司等）直接管控的大型银行。国有大行数量虽少，但总资产规模占到银行业金融机构的 40.4%（2022 年年底数据）。

国有大行和其他商业银行的经营业务基本相同，但相比其他商业银行承担了更多的社会责任，也拥有更为有力的国家信用支撑和更为庞大的网点优势。比如中国工商银行在 2020 年年报里就写到"我们统筹推进疫情防控和服务实体，积极践行大行担当"。国有大行同级别人员的行政职级一般来说高于其他商业银行，但薪酬水平要低于更为市场化的股份制银行。

在六家国有大行里，中国邮政储蓄银行因其历史沿革较为特殊，即使近年来逐步向现代化商业银行过渡，有更偏向于服务"三农"、城乡居民和中小企业的定位，但相对来说市场化程度最低；交通银行和中国农业银行其次；中国银行在国际业务领域更有优势；而综合来看，国有大行的领头羊无疑是中国工商银行和中国建设银行。

3. 股份制银行

我国的股份制银行共有十二家，分别为招商银行、浦发银行、中信银行、中国光大银行、华夏银行、中国民生银行、广发银行、兴业银行、平安银行、浙商银行、恒丰银行、渤海银行。截至 2022 年年底，股份制银行总资产规模占到银行业金融机构的 17.6%。

股份制银行相比国有大行市场化程度更深，薪酬更有竞争力，但考核压力也更大。股份制银行的发展态势好坏也跟股东实力和变动情况、公司治理架构、管理层稳定性和战略方向息息相关，这也是读者在进行选择时需要重点考虑的因素。

4. 中小银行

中小银行相比前三个类别个数可就多多了。再对中小银行进行细分，又可以分为城商行、农村金融机构及民营银行。

（1）城商行。根据银保监会官方网站上的最新名单，截至 2022 年年底城商行共有 125 家，总资产规模占银行业金融机构的比重为 13.1%，其中北京银行、上海银行、南京银行、宁波银行等头部城商行在全国展业，但绝大多数城商行还是以深耕区域为主，区域特征较为明显。近年来，监管的思路也是鼓励城商行聚焦本地客户资源，服务当地实体经济。

城商行的规模和经营情况差距也是非常显著的，总资产规模从 1 000 多亿元到 2.7 万亿元不等。选择城商行既要看资产规模，也要看经营业绩和资产质量，很多城商行的资产质量是与其所在地区的经济发展状况息息相关的。资本市场也用脚投票，股价走势较好的城商行近年来业绩普遍较为优秀。

（2）农村金融机构。按照银保监会统计口径，农村金融机构包括农村商业银行、农村合作银行、农村信用社和新型农村金融机构，截至 2022 年年底总资产规模占到银行业金融机构的 13.2%。农村金融机构从数量来看应该是银行业中最为庞大的，按照银保监会统计口径有近 4 000 家机构，覆盖全国的各级地市区县。农村金融机构中规模较大的主要有北京农商行、上海农商行、重庆农商行、广州农商行等，但从整体来看，农村金融机构的市场化程度较浅，经营业务种类也较为单一。

（3）民营银行。截至 2022 年年底，我国共有 19 家民营银行。民营银行属于银行业的后起之秀，主要借助股东背景优势开展业务，因为线下网点较少，所以多采取互联网经营的策略，因此负债成本普遍高于同体量的其他银行，像之前已经被监管叫停的假结构性存款也曾是民营银行吸储的重要手段之一。民营银行中较为有名的有网商银行和微众银行，背靠阿里巴巴集团和腾讯集团，主要利用大数据优势开展小微企业经营性贷款和消费贷款类业务。

5. 外资银行

截至 2022 年年底，我国共有 41 家外资银行入驻，名气较大的包括汇丰银行、东亚银行、恒生银行、渣打银行、法巴银行、瑞士银行、花旗银行、德意志银行、摩根士丹利国际银行等。这里要注意的是，一些国家的银行业是混业经营的，所以，在选择去外资银行前，先要做好尽调，比如具体去哪个部门做什么类型的业务。外资银行通常分工比较细致，同一个部门不同的职位可能工作内容相差巨大。就外资银行的经营范围来说，因为受到监管限制、网点布局少等多种因素影响，大多数外资银行跟股份制银行相比，在中国大陆的业务做得一般，建议优先考虑外资银行有全球优势、核心竞争力的业务，比如金融市场部的交易员岗位等。

外资银行在招聘应届毕业生时还有一个特点是喜欢招管培生，管培生的好处在于相比同期进入的员工晋升更快，但缺点也比较明显，管培生一般无法选择自己想去的部门，所以，是否选择管培生项目需要读者自己权衡利弊。

4.1.2　银行业盈利逻辑

了解银行首先要了解银行是靠什么赚钱的。银行的收入主要可以分为两大块：净利息收入和非息收入。

1.净利息收入

净利息收入是指银行吸收低成本的存款然后发放贷款所赚取的收入。净利息收入的计算公式为：净利息收入 = 生息资产 × 净息差。生息资产规模越大，银行的净利息收入就越高。

在银行实际业务中，银行的生息资产不仅有我们熟知的贷款，还有同业资产、金融投资、存放央行等。当然最重要的生息资产还是贷款，在生息资产中比重占到五六成。贷款又可以分为对公贷款和零售贷款：对公贷款的大头是房地产和基建，大概占到 60%；零售贷款包括个人按揭贷款和消费贷款，其中个人按揭贷款有房产抵押，对银行来说是一块优质资产。近年来，零售贷款的平均收益高于对公贷款的平均收益，但不良率却比对公贷款的不良率低，所以，受到一些银行的青睐，比如宁波银行的消费贷就做得很有特色。

同业资产大概占生息资产的 7%。因为近年来监管对同业业务的一系列限制，同业资产的规模较前期高点有比较大的压缩。

在同业资产受限后，各家银行普遍加大了金融投资这块生息资产的比重。金融投资包括债券投资、非标投资等。在债市牛市时，债券投资也是银行净利息收入的主力贡献部分。

从总体来看，受核心一级资本充足率和宏观审慎评估体系（Macro Prudential Assessment，MPA）考核等监管指标约束，近年来，银行生息资产的规模增长空间有限。

净利息收入除了受生息资产规模影响外，另一个关键指标就是经常被银行业研究员提起的"净息差（Net Interest Margin，NIM）"了。

净息差的计算公式为：NIM=（利息收入－利息支出）÷日均生息资产。因此，我们要分别去看各类生息资产的利息收入和各类负债的利息支出变动情况，从而得到净息差的数值。

从总体来看，自 2015 年以来，商业银行的净息差呈现下降态势，2021 年的行业净息差相比 2015 年大概下降了 50 个基点，在 2.05% 左右。展望未来，预计净息差仍然易降难升，这主要是因为在国家大力发展直接融资、金融定位于服务于实体经济的大背景下，金融脱媒贷款利率将长期维持在较低水平，而随着金融产品的不断丰富，居民存款在不断流出银行体系，存款增速长期低于贷款增速。

近年来，不同银行之间净息差的走势和数值也在出现分化：从利息支出来看，可以获取更高比例低成本存款的银行或压降同业负债占比的银行，利息支出占优（所以，国有大行在利息支出方面占据绝对优势，而一些城商行的同业负债占比较高就比较吃亏）；从利息收入来看，在风险可控的前提下，资产配置结构越向高收益率生息资产倾斜，利息收入越高。所以，各家银行在降低同业资产占比的同时，都在尽量提高金融投资部分的收益率。

2. 非息收入

非息收入主要包括各种中间业务收入，比如银行卡手续费、代理销售收入、理财业务收入、投资净收益、汇兑损益、公允价值变动等，目前行业平均占比约为四成。

非息收入具有受宏观经济波动影响较小、不占用资本金等优势，是银行转型的战略方向之一。中间业务这块的竞争也是非常激烈的，在非息收入方面有先发优势的招商银行、宁波银行等也受到资本市场的青睐。

头部券商近年来的战略方向是由轻资产向重资产业务转型，而银行板块正好相反，银行尤其是国股大行的发展方向是由重资产向轻资产业务转型，非息收入占整体银行收入的比重在不断扩大，这主要是因为银行业的杠杆率已经用得很足，受到监管的资本约束加杠杆的提升空间较小。

3. 营业支出

讲完银行的营业收入，再来看银行的营业支出部分。银行的营业支出主要包括管理费用（员工费用、业务费用等）和税金及附加，其中税金及附加各家银行基本一致，可以用费用收入比（业务管理费 ÷ 营业收入）来评估银行的管理费用支出率的变动情况及在整个行业中处于一个怎样的水平。

4. 资产减值损失

用营业收入减去营业支出得到银行拨备前利润。此时还需要扣减银行的资产减值损失，才能得到银行的利润总额。

资产减值损失是银行为弥补贷款可能出现的损失和已经出现的损失所计提的减值准备，其作用在于提高银行整体抵御风险能力和平滑银行利润变动水平。

银行具体怎么计提资产减值损失呢？这里就要提到银行的贷款五级分类了。银行在日常管理中把贷款分为五级，用来反映贷款回收的可能性并作为计提贷款准备的基础。这五类分别为正常类、关注类、次级类、可疑类和损失类，后三类被视为不良贷款，五类的拨备计提比例分别为 1%、2%、25%、50% 和 100%。损失类也就是本息已经完全无法收回。监管规定逾期 90 天以上的贷款就要计为不良贷款。

评估资产的质量主要看以下几个指标：

$$不良率 = 不良贷款 ÷ 贷款总额$$
$$拨备覆盖率 = 拨备 ÷ 不良贷款$$

$$拨贷比 = 拨备 \div 贷款总额$$

$$信用成本 = 减值 \div 贷款总额$$

通常来说，一家银行的不良率和信用成本越低越安全，拨备覆盖率和拨贷比越高越安全。不过，我刚才也提到拨备提多少也有人为判断和调节的空间，比如，为了平滑业绩波动，一家银行可能会趁着业绩好的时候多计提拨备，给未来利润增长留下空间；如果对未来经济周期预计较为悲观，则也会多计提拨备准备迎接"冬天"的到来。

在计提完资产减值损失后，得到银行的利润总额，用利润总额扣减所得税后就得到了银行的净利润。

通过这个拆解过程，可以看到，银行的生息资产增速、净息差、非息收入增速、营业支出、资产减值损失都是决定银行净利润的关键因素。

5. 资本充足率

除了以上因素，银行的资本充足率也是影响银行资产扩张的重要因素之一。

在现在的监管框架下，资本充足率主要分为三个层次：资本充足率、一级资本充足率和核心一级资本充足率。计算公式如下。

$$资本充足率 = 资本净额 \div 风险加权资产总额（不得低于8\%）$$

$$一级资本充足率 = 一级资本净额 \div 风险加权资产总额（不得低于6\%）$$

$$核心一级资本充足率 = 核心一级资本净额 \div 风险加权资产总额（不得低于5\%）$$

从上述公式中可以看到，这三个指标的区别主要在于分子端。

核心一级资本的范围最小，包括实收资本或普通股、资本公积、盈余公积、一般风险准备、未分配利润、少数股东资本可计入部分，这也是银行抗风险能力的基石。

一级资本是在核心一级资本的基础上加上其他一级资本（其他一级资本工具及其溢价和少数股东资本可计入部分），优先股和永续债都可以作为补充其他一级资本的融资工具。

范围最广的是资本净额，它是由核心一级资本 / 其他一级资本 / 二级资本相加得到的。二级资本包括二级资本工具及其溢价和超额贷款损失准备。我们经常见到一些银行在发行二级资本债，就是为了补充自身的二级资本。

最后再来看分母项——风险加权资产。风险加权资产主要由信用风险加权资产、市场风险加权资产和操作风险加权资产三大类组成。不同资产的风险权重各不相同，因此，银行在做投资的时候，不仅会考虑这笔资产的绝对收益水平，也要考虑风险加权后的资产收益水平，如银行自营之所以喜欢投资产支持证券，就是因为根据《商业银行资本管理办法（试行）》规定，AA− 等级以上的资产证券化产品仅占用银行 20% 的风险权重。

综上所述，判断一家银行怎样，我们会重点关注以下四个方面。

（1）银行的资产质量，主要评判指标有不良率、信用成本、拨备覆盖率等，核心反映的是银行的风险管理能力。

（2）银行的资本实力，主要评判指标有资本充足率、一级资本充足率、核心一级资本充足率等。银行是典型的杠杆经营的行业，只有雄厚的资本实力才能撑起这家银行的长期稳健发展。

（3）银行的盈利能力。银行的盈利能力分为净利息收入的盈利能力和非息收入的盈利能力，对于净利息收入，核心评判指标是净息差，背后反映了银行的资产和负债的定价能力；对于非息收入，主要来源于零售板块和理财业务板块，背后反映了银行在资产管理、投资银行业务和金融科技等方面的综合实力。

（4）银行的管理能力，主要评判指标有非利息收入的经营费用。对于银行的管理能力用定量指标很难准确估量，但一家银行的管理层是否稳定、战略是否清晰和具有前瞻性，恰恰又是决定这家银行中长期业绩和股价的核心因素。

4.2　银行业职业规划指南

银行在中国金融行业中是当之无愧的"老大哥"，但为什么在网上一搜索银行职场话题，抱怨的帖子特别多呢？的确，这几年在金融去杠杆的大环境下，银行在各方面总体感觉不如以前，但很多学生和求职人士并不了解银行这个庞大的金融机构的组织架构和内部部门设置，走了不适合的道路也是导致抱怨颇多的重要原因之一。我在前面章节中介绍了五大类银行的特征及银行的运作机制、盈利来源，也是希望读者能对银行有一个全面地了解，有助于读者更好地选择在银行体系内的职业发展道路。接下来进入各位读者感兴趣的话题：银行业职业规划指南。

首先来看银行的组织架构和内部部门设置。

1. 组织架构

银行的组织架构可以分为三大层级：总行—分行—支行。

先来说总行。总行主要承担管理职责，也有部分前台部门会直接对接客户背负经营指标。总行对接全国的各家分行和业务，对公司战略最为了解，离公司领导也最近。关于总行的各部门职责在后文中还会详细介绍。

再来说分行。近年来监管强调各分行要经营好辖区内的属地客户，所以，分行像以前一样可以跨省开展业务的情况越来越少了，选择哪家分行的重要性就愈发突出。

在银行内部，不同分行也是有等级区分的，像北京、上海、广州、深圳、杭州、南京等地的分行一般归为最重要的一类分行（每家银行的内部设置会略有区别，比如福建起家的兴业银行，福州分行在其系统内就会更为重要，可以比肩北京、上海等地的分行），像其他经济发达地区的省份所在分行通常归为次一级重要的二类分行，而比较偏远地区的省会分行就是三类分行了。

不同分行之间因为资源禀赋、历史包袱、分行行长领导能力和行内地位不同，业绩表现差异很大，具体到分行员工最后的薪酬水平也会体现出很大的差别。所以，想去分行的读者要提前做好功课，毕竟在银行体系内，光靠自己的努力所能带来的回报是有限的，在一家业务蒸蒸日上、领导班子资源雄厚的分行里会比在一家坏账很多、客户基础薄弱的分行里好很多。

最后来说支行。支行现在的确非常辛苦，指标繁杂、工作琐碎，所以，在支行里最好有资源等优势或者可以跟着好领导给你分配到大客户。

小贴士：银行员工数量一览

摘抄自招商银行 2021 年半年报："截至 2021 年 6 月 30 日，本集团共有在职人员 90 078 人（含派遣人员），专业构成为公司金融 17 979 人，零售金融 35 693 人，风险管理 4 286 人，运营操作及管理 14 271 人，研发人员 9 279 人，行政后勤 886 人，综合管理 7 684 人；学历分布为硕士及以上 22 804 人，大学本科 59 192 人，大专及以下 8 082 人。其中总行员工 4 805 人（不含信用卡中心），信用卡中心 5 900 人，上海分行 5 028 人，南京分行 3 006 人，杭州分行 2 775 人……"

2. 部门设置

银行的业务大体可以分为三大板块：公司金融（信贷）板块、金融市场板块和零售金融板块。

（1）公司金融板块

公司金融板块（银行信贷板块）是我国商业银行经营的基石，是大多数商业银行最重要的收入来源之一，银行独特的信贷文化也是以公司金融业务为本应运而生的。

从大口径来说，一切跟对公客户相关的业务都可以算在公司金融板块里：从负债端来看有对公存款业务；从资产端来看有向企业放款和提供并购融资、贸易融资等业务；在中间业务方面，提供信用证、承兑票据、资产托管等业务。以招商银行的公司金融总部为例，其下设战略客户部、机构客户部、同业客户部、小企业金融部、交易银行部和离岸金融中心。

在过去的很多年里，银行的对公业务紧密围绕基建和房地产行业开展。但是，随着经济增速整体放缓，基建整体增速也放缓，地方融资平台的融资需求逐步规范化，并不断加大直接融资占比；房地产行业在"房住不炒"的顶层设计下，银行对房企的融资更加谨慎，房地产行业销售和投资增速持续下行。未来对公贷款除了支持国家重点战略领域，普惠小微企业贷款和绿色双碳贷款等领域也是信贷投放的增长点，但这些领域对银行的风险管理能力提出了更高的要求，需要银行从业人员对企业所处行业周期和经营状况有更深入的跟踪和了解。

总结一句话：公司金融业务做得好的人，既要了解客户、有客户资源，又要懂风险管理。

（2）金融市场板块

在同业业务风生水起的那些年里，金融市场板块虽然创新层出不穷，但也滋生出影子银行快速扩张、资金空转等问题。所以，2017 年银监会开始进行"三三四"检查（"三违反""三套利""四不当"专项治理工作），同业业务规模总体收缩，尤其是金融市场板块的非标业务占比不断下降，同业业务回归本源。

具体到金融市场板块的架构设置，以招商银行为例，招商银行的投行与金融市场总部分为投资银行部、金融市场部、资产管理部、资产托管部、票据业务部、票据经纪业务部，其中投资银行部按照业务属性可以划分到公司金融板块。

银行的金融市场部 / 同业部目前以投资标准化债券为主，包括利率债、信用债、资产支持证券等品种。除此之外，业务范围比较全面的银行还会投资海外债（以美元债为主）、大宗商品（以贵金属为主）、外汇及衍生品等，一些银行把发展 FICC 业务作为近年来的重点发展战略。FICC（Fixed Income，Currencies & Commodities）业务即固定收益、货币及大宗商品业务。除了传统的自营投资，银行的 FICC 业务范围包括代客交易收取佣金手续费、做市服务获取价差收入、根据客户需求设计产品和管理风险敞口赚取财顾收入、利息收入和汇兑损益等。国内商业银行目前做得比较多的 FICC 业务包括人民币债券的做市交易、利率互换、外汇衍生品、债券借贷、代客总收益互换、信用风险缓释工具、大宗商品交易等。随着利率市场化的继续推进，预计未来 FICC 业务也将具有良好的市场前景。

银行的资产管理部（以下简称"资管部"）主要管理银行的表外理财资金，在资管新规和理财新规监管政策下，很多大中型银行通过成立理财子公司开展理财业务。对于已经成立理财子公司的银行来说，其原资管部主要承担老产品压降、存量资产风险化解等职能，未来逐步收缩甚至拆散银行资管部是大势所趋；对于还未成立理财子公司的银行来说，其资管部或者积极做好成立理财子公司的筹备工作，或者压缩主动管理理财业务规模，以开展理财代销、财富管理业务为未来的发展方向。所以，如果你想在银行资管部里做投资，则可以考虑直接去理财子公司，在后文中也会专门介绍理财子公司这个资管行业的"新兵"。

（3）零售金融板块

零售金融板块属于需要厚积薄发的一个板块，在对公业务利差收窄、竞争白热化的时代，各家银行纷纷加大对零售业务的扶持力度。零售金融板块具有客户黏性高、风险小而分散等优势，较早在零售业务布局可以获得更低成本的负债和更优质的高净值客户。我们通常用零售 AUM 指标（资产管理规模）÷ 总资产衡量一家银行的零售业务发展程度，招商银行和平安银行在 AUM ÷ 总资产占比中名列前茅。

在板块设置上，继续以招商银行为例，招商银行的零售金融总部分为财富管理部、私人银行部、零售信贷部和信用卡中心。虽然零售板块对银行来说重要性不断提升，但我并不建议求职人员去信用卡中心和零售信贷部，因为其工作较为琐碎和繁杂。如果你想在零售金融板块中发展，建议优先选择私人银行部这类部门，若能把握住一批高净值客户资源，那么对你的整个职业生涯都是大有裨益的。

（4）银行其他部门

除了上述三大业务板块，银行的其他部门通常还包括董事会办公室、监事会办公室、人力资源部、金融科技部、资产负债管理部、财务会计部、风险管理部、授信执行部/审批中心、资产保全部、运营管理部、审计部、监察部、法律合规部、战略研究部、培训中心、行政部等，每家银行的具体叫法不大一样，但职责大同小异。这些部门里比较核心的部门包括如下几个。

① 风险管理部、授信执行部/审批中心：前面提到过，银行的核心能力之一是风险管理能力，银行的信贷文化也决定了审批是尤为重要的一环，所以，风险管理部和授信执行部/审批中心都是银行体系的核心部门。

② 资产负债管理部：也就是我们俗称的司库，这个部门可以说是银行里权力最大的部门，负责全行流动性和头寸管理、FTP（内部资金转移）定价、资产负债结构管理、利率风险和汇率风险等重要指标监控和限额管理等，尤其是在国股大行司库里做资金拆借的人员，都是市场机构的重点服务对象。

③ 董事会办公室、监事会办公室、人力资源部：涉及人事的部门在任何银行里都是核心部门。在办公室里工作的人员如果有幸被选为总行领导级别行长秘书，那么基本上只要不出差错，在行内的晋升之路大概率会更为顺畅。不过银行现在都要求选拔同性做秘书，如果你所在的银行都是男行长，那么在办公室里工作的女性就没有机会被选拔为行长秘书了。

④ 金融科技部是这几年在很多银行里地位被不断拔高的一个部门，不过因为金融科技部的岗位众多，所以，也要具体情况、具体分析。

3.原则和避坑要点

在对银行体系进行全面梳理后，通过总结经验教训，给出如下银行求职和职业发展的两大原则。

第一个原则：对于非资源型求职者，能去总行优先去总行核心部门，其次是效益好的分行，最后是支行。

第二个原则：在银行里的职业前途规划可以按照两条思路来考虑，即走专业路线（选银行业务的前台核心部门）或者走管理路线（选离领导最近的部门）。

在两大原则之下，我归纳了银行业避坑要点十一条。

（1）银行的核心文化还是信贷文化，在银行里工作需要深刻理解这种文化。

（2）未来银行业整体处于兼并重组的过程中，不建议去业务激进的中小银行。

（3）如果在银行总行里待了一定年头都没有升职的机会，则可以考虑去子公司或分行锻炼，比如从总行投行部去分行投行部工作，但这种机会也需要自己去发现和把握。

（4）校招的话，管培生的职业发展路径差异较大，建议去之前多问问前几届的师兄、师姐，比如交通银行的管培生曾经出路很好，基本上待几年都可以在总行里升到处长职位，但最近几年好像只有去分行才有位置了。

（5）社招的话，在入职前一定跟 HR 谈好自己的行员等级，哪怕同一个岗位做同一类事情的两个人，行员等级定级不同，薪酬差异可能较大。在银行体系里，行员等级对晋升和薪酬都会有很大影响。

（6）每家银行都有自己的优势领域和重点战略布局，比如招商银行的私行板块、兴业银行的同业／金市板块等。在核心领域的岗位上工作，以后跳槽也会更有优势。

（7）注意关注你想去的银行的管理层动态和顶层设计。如果你去的是分行，则要提前打听好这家分行领导班子的风格。如果领导变了，那么管理风格可能也会发生很大变动。

（8）金融科技在银行里的重要性近年来在不断增强，所以，如果你既懂银行前台业务又懂技术，那么你在银行里会比较受欢迎。比如兴业银行新董事长上任后更强调数字化能力，计划 3 ～ 5 年内集团科技人员占比达到 10%，加快业务与科技更深度的融合。

（9）在金融去杠杆的大环境下，银行是监管重点审查的对象。因此，除了信贷文化，也要懂得银行的问责文化，在银行里签任何字之前，都要思考一下。

（10）这几年监管趋严，如果银行异地经营并且没有牌照，则会有被赶回注册地的风险。

（11）如果有其他职位可以选择，则不建议考虑支行客户经理和柜员岗，尤其是柜员岗，重复劳动时间长、杂活多、容易被投诉，类似于服务型职位，对个人能力的锻炼相对有限，建议趁着年轻及早转型；如果是客户经理，那么为了把握住大客户，要多往分行和总行跑。

4.3　揭开银行理财子公司的面纱

理财子公司可以说是资管行业的新成员。2018 年 4 月，中国人民银行和银保监会多部门联合下发了《关于规范金融机构资产管理业务的指导意见》（资管新规），在新规中明确提出"过渡期后，具有证券投资基金托管业务资质的商业银行应当设立具有独立法人地位的子公司开展资产管理业务，该商业银行可以托管子公司发行的资产管理产品，但应当实现实质性的独立托管"。2018 年 12 月,《商业银行理财子公司管理办法》随后出台。2019 年 5 月,我国第一家银行理财子公司建信理财,正式成立。截至2022 年年底,我国已有 31 家理财子公司获批筹建,30 家理财子公司获批开业。

虽然理财子公司诞生只有短短几年,但商业银行理财的历史可以追溯到 2004 年。那一年,央行放开存款利率下限和贷款利率上限,利率市场化促使银行通过理财业务突破资本金的约束去寻求新的盈利点。光大银行在 2004 年发行了第一款理财产品,标志着国内银行理财的正式问世,到2013 年银行理财存续规模达 10 万亿元,2015 年突破 20 万亿元,2017 年接近 30 万亿元高点,之后随着 2018 年资管新规的颁发,银行理财规模出现下滑,直到 2020 年理财子公司陆续开业和推进净值化转型,银行理财规模重回扩张之路。截至 2022 年年底,银行理财产品规模约为 27.7 万亿元(包括母行理财 + 银行理财子公司理财),是资管行业当之无愧的"老大哥"。

银行理财是利率市场化的产物,主要为解决银行表内资产(类信贷资产)和负债的问题而生;而银行理财子公司脱胎于母行资管,可以说是资管新规下打破刚兑的产物,主要为规划资金池、穿透式管理、消除套利空间、防范影子银行风险而生。

在银行理财子公司成立之初,监管机构就对它抱着很大的期许:它需要和母行分开,独立运营、独立审批和独立投资管理。本着公平竞争的原则,在投资范围、产品要求、销售管理等方面和公募基金、券商资管等其他资管机构站在同一起跑线上,这对银行理财子公司来说既是机遇也是挑战。

接下来,我将先梳理理财子公司的产品线和资产配置方向,再来看看理财子公司的机制体系和组织架构,最后通过 SWOT 分析对理财子公司的未来进行展望并给出求职建议。

1. 理财子公司的产品线

在理财子公司获批筹建后，各家银行纷纷将存量理财业务转移至子公司，并且加大新产品的发行排期。

（1）老产品压降

根据资管新规安排，老产品压降的过渡期是到 2021 年年底，老产品压降主要依靠回表、自然到期、新产品承接、市场化处置等方式，其中能回表的资产基本已经在 2021 年年底前回表。所以，未来理财子公司新发的产品即使出现风险事件，预计大概率也需要通过市场化手段处理，而难以再采用回表的操作。

（2）新产品扩展

前文讲到理财子公司与其他资管机构现在站在同一起跑线上，这也意味着银行理财可以开拓更为丰富的产品线。

理财子公司的产品类别大致可以分为货币、纯债／固收、固收＋、多资产／海外市场、权益、量化及衍生品、项目类（非标）、股权类几大类。每家理财子公司的产品线叫法可能略有差别，但基本都囊括在这几大类中。除此之外，各家理财子公司会根据自身定位开发主题型产品，比如 ESG（绿色双碳）方向、养老理财产品、家族信托等。

（3）资产配置

从产品占比来看，理财子公司还是延续银行资管的风格，以固定收益型理财产品为主，目前固收类产品占比约为九成，这也跟银行理财过往积累的客户需求和习惯有关。所以，从资产端来看，债券依然是理财子公司最重要的配置资产，截至 2021 年年底占比接近七成。因为刚性成本要求，银行理财子公司对信用债的需求大于对利率债的需求，尤其是在"资产荒"的大背景下，理财子公司信用债的配置仍处于供不应求状态。理财子公司配置信用债的品种除了公司债、中期票据、短期融资券这些常规品种，还包括资产支持证券、永续债、二级资本债等品种。

除了债券大类，理财子公司的其他资产配置方向还包括现金及存款、非标债权、拆放同业及买入返售、权益类资产等。

非标债权是银行资管的传统优势配置方向，传统非标债权收益率比同主体同期限标准化资产收益率高，而且可以采用成本法进行估值，起到稳定产品估值的压舱石作用。但是，随着非标监管趋严、监管导向非标转标，银行理财配置非标资产的比例逐渐下降，由之前最高的 17% 已经下降至 8.4% 左右，预计理财子公司会在监管合规要求下配置一定比例非标，平滑产品净值波动。权益类资产如股票等目前占比仍然处于较低水平且以委外为主，但预计未来占比将不断提升。

（4）抢占"固收 +"市场

理财子公司的产品线很丰富，从增量来看未来的发力点是"固收 +"产品线。"固收 +"产品如果管理得当，可以获取比传统的纯固收产品更高的收益率，同时比权益型产品波动性更低，尤其是在股市波动剧烈的情景下，"固收 +"产品得到希望获取稳健收益的投资人的青睐。

"固收 +"产品的投资策略多种多样，大体上以固收资产打底，再配置一定比例的权益、非标、FOF、可转债、量化投资、REITs 或衍生品仓位，可转债市场近年来持续火爆也与银行"固收 +"产品对类权益资产的需求旺盛有关。做"固收 +"需要理财子公司储备相应的专业人员，不断加强投研能力，避免将"固收 +"做成"固收 -"。

（5）现金类产品

银行理财现金类产品在过去可以取得比公募货币基金普遍更高的收益率，这得益于银行理财管理要求略松于公募货币基金产品管理要求。但随着现金管理类产品新规的出台，未来理财子公司现金类产品的投资要求将与公募货币基金的投资要求基本拉平。

《关于规范现金管理类理财产品管理有关事项的通知》要求理财子公司

在 2022 年年底完成整改，一方面，控制现金类产品总规模（商业银行摊余成本法类规模不超过理财产品月末资产净值的 30%；理财子公司摊余成本法类货币基金规模不超过月末风险准备金的 200 倍）；另一方面，对现金类产品的投资做出具体限制，如杠杆率不超 120%、仅投资于货币市场工具且投资债券剩余期限须在 397 天以内、T+0 赎回不超 10 000 元、组合久期不得超过 120 天、不得投资信用等级在 AA+ 以下的债券和资产支持证券等。预计理财子公司以摊余成本法计量的现金类产品规模将受到限制，但以市值法计量的替代类现金产品将会加速发行。

（6）净值化转型

截至 2022 年年底，理财子公司净值化转型进度已接近 100%，监管在净值化管理上的决心还是十分坚定的。所以，如果你购买银行理财产品，要记住亏钱也是完全可能发生的事情，2022 年 11—12 月因为债市调整导致很多理财产品净值出现波动甚至亏损，理财产品从债市的稳定器变为波动的放大器。为了降低产品波动、提高投资者持有理财产品的满意度，理财子公司在 2023 年将通过加大发行摊余成本法产品、期限匹配型产品或混合估值法产品来降低产品净值波动。

2. 理财子公司的机制体系和组织架构

（1）机制体系

监管要求有条件的银行都要成立理财子公司的核心目的是通过独立运营使得表外资产与银行表内隔离，打破刚兑，让理财子公司走向市场化的道路。

理财子公司作为独立的公司，从股权结构来看，目前大多数由母行 100% 控股，但市场上也出现了一批中外合资的理财子公司，各家母行全资控股的理财子公司也有意向引入外部投资者。

从法律层面来看，理财子公司具有自己的董事会和监事会、公司章程和完整的前中后台体系。但是，从实际来看，理财子公司的考核机制、人员选拔和薪酬体系还是会受到母行制约，理财子公司的高管层基本来自母行体系，所以，如果是有工作经验的人士通过纯市场化招聘进入理财子公司想得到好的职位并一直做下去，具有一定的不确定性；理财子公司的薪酬激励也与已经充分市场化的机构比如公募基金和券商等存在较大的差异，尤其是投资经理岗位无法像公募基金的基金经理一样拿业绩说话，虽然各家理财子公司一直想以"优厚条件"寻找权益类投资人才，但存在承诺不兑现的风险，如果是对薪酬激励比较看重的求职者则需要审慎评估。总体来说，理财子公司毕竟是独立于母行，而且也是银行轻资本转型的桥头堡，所以，各家理财子公司的整体薪酬还是普遍高于母行水平的。

（2）组织架构

各家理财子公司的组织架构差异客观存在，这主要取决于母行的机制体系和人员结构，还有公司计划重点发力的方向。通常来说，理财子公司一般会设置以下部门。

1）前台部门

① 固收投资部：固收投资这个部门可以说是各家理财子公司管理规模最大的部门，其下通常还会设有现金管理团队、纯债团队等（每家公司的部门名称可能略有不同）。

② 权益投资部：这无疑是理财子公司未来发展方向之一。建议应聘时了解招你的直接领导的投资经验和过往业绩表现，如果是外行带领内行，那么作为下属会比较痛苦。

③ 多资产投资部：多资产投资部相比固收投资部会更强调大类资产配置，理财子公司目前的多资产投资部还是主要以债券打底，再辅以其他资产增厚收益。

④ 量化及衍生品投资部：这块业务在理财子公司里目前管理规模较小，但还是具有一定发展潜力。

⑤ 委外 / FOF 投资部：理财子公司在目前权益人力配置不足的情况下会更倾向通过委外或 FOF 的形式实现权益类资产投资。理财子公司做 FOF 的优势在于其募资能力强于公募基金等其他资管机构的募资能力。

⑥ 项目 / 另类投资部：非标资产是理财子公司相对于其他资管机构的一个传统优势项目，做非标的信托从业人员跳槽去理财子公司是一个不错的选择。

⑦ 跨境投资部：主要投资海外资产，目前规模较小。

⑧ 市场营销部：以前在母行时资管部主要依靠母行零售部和私行部卖产品。在理财子公司成立以后，各家机构对销售队伍的建设还是普遍很重视的，市场营销部既可以直销公司内部产品，也可以代销他行理财产品。从目前来看，如果做销售，那么在理财子公司里的压力会小于在公募基金和券商资管等其他资管机构里的压力。

2）中后台部门

① 集中交易部：监管要求理财子公司成立集中交易室统一管理交易，理财子公司交易员每天的工作量还是很大的，尤其是要处理产品之间的转仓，集中交易部的部门负责人和主管也是各家券商争相争取的对象。

② 产品管理部：负责整个理财子公司产品的统筹和设计，是性价比较高的一个部门。

③ 风险管理部：负责市场风险、操作风险、关联交易等的管理和监测。

④ 风险评审部：风险评审部标准化资产审核人员的工作内容和公募基金的信用评审基本相同，但理财子公司同时又有一块非标和股权类业务，这块业务审核人员的工作内容更接近于母行评审员的工作内容。

⑤ 法律合规部：负责合同法审、公司内部相关制度修订等。

⑥ 研究部：这里要特别提醒大家的是，从目前来看，理财子公司研究

部的研究员跟公募基金的研究员的工作内容差别还是比较大的，他们更多的是写一些专题性报告，跟投资衔接得并不紧密，从研究员到投资经理助理并没有很明确的晋升机制。

⑦ 投后管理 / 特殊资产经营部：工作内容包括存量资产处置、不良资产清收等，比较喜欢招有法律背景的人员。

⑧ 金融科技部：金融科技可以说是各家理财子公司都非常重视的一个板块。对于理财子公司来说，从母行资管部到成立独立的公司，一个很大转型就在于 IT 系统的搭建。理财子公司的系统包括监管报送、风险监测、信息披露、投资和交易管理（投前、投中、投后）等，还有针对线上直销 App 的开发，这都需要大量的金融科技人才去开发和维护，所以，理财子公司对科技人才的需求量还是很大的。

⑨ 运营服务部：运营服务部的工作内容跟公募基金的工作内容大体相同，在刚开始阶段还要处理从母行到理财子公司的产品迁移工作。

⑩ 综合管理部 / 人力资源部、财务管理部：这基本上是每家公司都会设置的部门，一般部门负责人都是母行里的领导层。

⑪ 审计部：负责与行内和行外审计对接和迎检，在审计驻场的时候会非常忙碌。

3. 理财子公司的优劣势分析和未来展望

下面我使用 SWOT 分析法对银行理财子公司的优势、劣势、机会和潜在威胁进行分析。

（1）优势

1）拥有母行最广泛的零售客户基础和渠道网络

理财子公司的渠道优势也是其他资管机构都艳羡不已的，银行分支行的网络渠道是很多资管机构最重要的销售渠道，基金公司产品也主要借助银行代销渠道力量。虽然这几年因为互联网金融的崛起，很多基金都放在互联网平台上销售，但从规模来看，银行代销在规模上仍然遥遥领先，依托母行渠道优势，各家理财子公司成立以后爆款产品可以发行到上百亿元规模。

2）较强的对公客户资源和风险管理能力

银行深耕对公业务多年，表内贷款是企业融资的重要手段，理财子公司一方面可以依托母行公司部/投行部对公客户资源开展全产业链资管业务合作，另一方面可以通过母行授信海量客户数据信息帮助其进行更详尽的风险评估。

3）投资范围更全面

理财子公司相较公募基金可以投资非标资产，相较信托公司可以开展公募业务，相较商业银行可以投资未上市公司股权，其投资范围更为全面。

（2）劣势

理财子公司普遍面临激励机制不够市场化、人才储备不足的问题。前文中也提到，虽然理财子公司的薪酬水平比母行的薪酬水平高，但从整体来看尚未建立持续有效的激励机制，中、高层管理人员大多来自母行，还抱着银行传统的用人方式，因此，在股权、股票二级市场等领域中不容易吸引到高素质人才加入。

（3）机会

理财子公司正在向全市场产品覆盖转型。资管新规明确了"金融机构监管部门和国家有关部门应当对各类金融机构开展资管业务实行平等准入、给予公平待遇""资管产品应当在账户开立、产权登记、法律诉讼等方面享有平等的地位"。这意味着银行理财跟其他资管产品比如信托、基金一样具有平等的法律地位，理财子公司的可投范围大大增加，在 FOF、多资产、股权、权益、量化及衍生品、跨境投资等领域都大有可为。

（4）潜在威胁

产品净值化造成了零售客户的流失。在资管新规颁布以前，母行理财产品以预期收益型产品为主，理财子公司的大多数客户已经习惯了保本保息的操作；但是，在资管新规颁布后，理财产品转型为净值化产品，产品净值容易出现大幅波动，权益型产品的占比在未来不断提升，当遭遇股票熊市时，理财产品的老客户会遇到收益不达预期或亏损幅度较大的情况，可能会引起投诉，甚至对理财子公司带来声誉风险。

4.求职建议

总体来讲，以国股大行为主的理财子公司目前都处于跑马圈地的阶段，每家理财子公司既面临挑战，也拥有广阔的发展空间。针对想进入理财子公司的朋友，我的建议如下：

（1）大行和中小银行理财子公司将出现大幅分化。在理财产品净值化之后，银行理财资产端的腾挪空间大幅降低，行业集中度预计将不断提升。中小银行理财负债端的资金成本较高，规模本身不大，对优秀人才的吸引力较低，处于进退两难的尴尬境地。所以，建议读者优先选择有国股大行背景的理财子公司。未来，一些还没有成立理财子公司的中小银行可能会逐渐退出主动管理型理财产品的舞台，对靠同业非标撑起理财规模的小银行资管部要慎重选择。

（2）各家理财子公司仍处于初创期，建议入职前了解管理层的管理风格和稳定性。很多银行的理财子公司并不完全市场化，尤其是对于已经在权益等领域小有成就的人员来说，去理财子公司面临着较大的不确定性，比如组织架构调整、领导的变化等因素都需要考虑进去。

（3）从岗位角度来看，相对有发展前景的岗位包括固定收益领域投资、产品设计、市场营销、金融科技等。

4.4　实操问题解答

星友 1 提问：

老师您好，请问国家开发银行省分行与城商行理财子公司比较如何？如果不跳槽，只在理财子公司内部发展，固收投研岗的后续职业发展与薪资成长性会比国家开发银行好吗？还有银行理财子公司考核压力如何？年龄大了会有被优化的风险吗？

答：

相较于国家开发银行，城商行理财子公司比较市场化，所以，你需要考虑的核心问题是：按照你的中长期职业规划，你是否想长期在偏市场化的机构里发展。市场化的机构肯定会有考核压力，年龄大了会不会被优化还得看你的综合表现。但总体而言，理财子公司的考核压力会比公募基金这种市场化程度更高的机构的考核压力要小一些。

星友 2 提问：

老师您好，想向您请教一下银行理财子公司发行的理财产品，自己不懂这类固收产品，隔行如隔山。朋友买了一个看上去收益率高（4.37%，其他的都在 3% 左右）的理财产品。我翻看了二季度运行报告，发现它们的底层资产为"非标"（本理财产品部分投向非标准化债权资产，优选我行经营范围内优质企业作为融资主体，把握区域发展红利，优选项目作为投资标的基础资产）。"非标"两个字是否含有较大风险？我害怕历史高收益率中暗含一些"代价"。

答：

我觉得不用"谈'非标'色变"。"非标"只是固收的一种投资模式，不管是"标"还是"非标"，还是要看底层资产的，"非标"也是理财子公司增厚收益的重要方法，所以，耐心翻看计划说明书是正确的做法。关于底层的标的，整体来说金租同业借款算"非标"里风险相对较小的品种。

还有一点要提醒大家的是，产品的持仓不是一直不变的，过一阵子管理人可能就会持有其他资产。

星友 3 提问：

老师您好，理财子公司现在的发展势头很猛，但了解的人很少，请教两个问题：第一，与同类型的券商研究所和公募基金相比，理财子公司的研究员及投资经理的薪酬大致是什么水平？第二，如果从事权益、固收、FOF 投资这些领域，理财子公司内部的成长速度及升职难度是怎样的？是否会相对慢于市场化机构？

答：

（1）理财子公司的薪酬是要由母行审核通过的，所以，研究员和投资经理的薪酬从整体来说肯定是弱于同类型的券商研究所和公募基金的。

（2）理财子公司的考核机制、人员选拔和薪酬体系还是受到母行制约的，国股大行理财子公司的高管层基本来自母行体系，所以，如果是有工作经验的人士通过纯市场化招聘进入理财子公司想得到好职位并一直做下去，具有一定的不确定性。

所以，如果是权益和 FOF 领域有公募基金和券商研究所的工作机会，则建议去公募基金或券商研究所；如果是固收领域，这属于理财子公司的传统优势领域，可以具体情况、具体分析。

从整体来说，理财子公司内部的晋升不像公募基金和券商研究所那样市场化，还有很多非市场化的因素。

星友 4 提问：

老师您好，请问一下，目前银行比较有发展前景的部门岗位都有哪些？工作内容是什么？需要什么特别的技能吗？财经类专业出身的学生可以选择的方向有哪些（有些岗位很看重技术背景）？

答：

（1）首先能去总行的建议去总行，其次去一类大分行的核心部门，比较有前景的部门可以考虑金融市场部、投资银行部、机构客户部（公司客户部）、战略客户部、交易银行部、私人银行部、授信审批部、资产负债管理部等。

（2）其实银行的大部分岗位除了金融科技部，都不需要技术背景，但法律合规部通常需要法律背景。

第 5 章

金融行业之公募基金/私募基金

公募基金和私募基金应该是金融各子行业中市场化程度最高、对个体业绩表现最为看中的金融子行业，在这章中，我会着重介绍读者感兴趣的一些热门话题：产品品种、组织架构、怎么看绝对收益和相对收益、是否应该"奔私"等。

5.1　公募基金投资品种面面观

公募基金公司是受证监会监管，允许向公众进行募资从事二级市场投资的资产管理机构。1997 年，国务院颁布《证券投资基金管理暂行办法》，奠定了公募基金行业规范发展的基础；1998 年，国内首批基金管理公司诞生；2013 年，《中华人民共和国证券投资基金法》完成修订，放宽基金发行审核等制度瓶颈，推动公募基金行业向更为市场化的方向发展。资管新规正式颁布叠加 2019 年牛市，公募基金迎来了新一轮规模扩张，截至2022 年年底，公募基金数量超过 10 000 只，总规模达到 26 万亿元，在资管行业中坐稳第二把交椅。境内公募基金管理人个数也达到 156 家，按照股东类别可以分为内资系、外资系、券商资管系和保险资管系公募基金。

在产品层面，公募基金产品体系不断丰富，投资范围逐步扩大。公募基金公司的业务大体可以分为两大块：公募基金业务和特定客户资产管理业务（又称专户理财业务，包括一对一、一对多）。公募基金业务根据投资标的不同可以分为货币型、股票型、债券型、混合型、指数型、FOF 型、QDII 型、另类投资型基金几大类；专户理财业务服务特定客户，根据客户需求定制符合客户收益率和风险偏好的产品，有些业务（如社保管理人、企业和职业年金管理人、基金投顾等）需要拿到特定展业资格后才能进行，投顾业务也是很多基金公司开拓的重点方向之一。

接下来，按照投资品种来介绍公募基金业务。

1. 货币基金

货币基金在 2013 年天弘基金余额宝推出后迎来了一波快速增长，市场份额最高时超过六成。但伴随监管对货币基金的管理不断趋严、短端利率持续下降，以及货币基金面临银行理财和券商资管等类货币产品的竞争，货币基金的市场份额从 2018 年的 63% 降至 2022 年年底的 40%。

虽然货币基金的市场份额有所下降，但仍然是公募基金的重要管理品种之一，货币基金的收益率相比银行活期存款依然有很强的竞争力，并且可以使用摊余成本法估值和享受公募基金免税优惠政策。

2. 债券型基金

截至 2022 年年底，债券型基金净值达到 4.27 万亿元，占比约为 16%。公募债券型基金大体可以分为四大类。

（1）纯债基金。按照期限来分，又可以分为短债基金和中长期纯债基金。纯债基金就是 100% 投资于债券资产的基金，再细分来说还要看一下纯债基金的持仓是否有投资可转债。如果不投资可转债，那么纯债基金的收益率水平只与债券市场的收益率相关。

（2）混合一级债基。混合一级债基持仓简单来讲就是债券 + 新股。在过去的很多年里，A 股市场一级打新都是赚钱的生意，但未来随着全面注册制的推行，新股破发的概率可能会更高。

（3）混合二级债基。二级债基一般含有不超过 20% 的权益类资产配置，基金经理会根据自己对股市的判断增配或低配股票资产。当股市向好时，二级债基的表现通常来说是好于纯债基金和一级债基的表现的。

（4）指数型债基（又可以分为被动指数型债券基金和增强指数型债券基金）。挂钩债券指数的基金具有流动性高、费率低、持仓透明的特点，作为工具型产品有其自身的优势。

在 2017 年以前，中长期纯债基金是债券型基金增长的主力军；在 2018 年资管新规颁布后，监管规定用摊余成本法估值的货币基金月末规模不得超过风险准备金余额的 200 倍，在货币基金规模受限的情况下，超短债基金 / 短债基金作为货币基金的替代品规模快速提升，超短债基金 / 短债基金投资债券的久期长于货币基金，预期收益率也相比货币基金更具有吸引力，但由于采用净值法估值，其波动相比货币基金更高。

从 2019 年开始，随着上一波牛市的到来，二级债基的规模开始迅速增长，越来越多的资管机构也提出了"固收 +"投资策略。截至 2021 年年底，"固收 +"策略公募基金规模合计达到 2.23 万亿元。在"固收 +"领域的领头羊主要是易方达、招商、南方等头部基金公司，前 20 家管理人的市场份额达到八成左右。

债券型基金除了个人投资，也受到银行自营和资管等机构投资者的青睐。一方面是因为公募基金的免税效应（对公募基金买卖股票、债券的价差收入及同业往来的利息收入均免征增值税），另一方面是因为机构通过委托公募基金操作较为便利。所以，对于个人投资者来说，在购买一只债券型基金之前，要先看一下机构投资者的占比，有可能这只债券型基金是机构的定制型产品。

3. 主动权益基金：股票型和混合型

2019—2021 年主动权益基金产品规模出现爆发式增长，2022 年因股市调整，主动权益基金产品规模也出现波动，截至 2022 年年底，股票型基金规模约为 2.5 万亿元，混合型基金规模约为 5 万亿元，其中一大部分投向权益市场，市场前 20 家管理人的主动权益基金占比将近七成。

股票型基金要求在任何时点股票的仓位不得低于 80%（除建仓期外），所以，股票型基金股票仓位是比较高的；如果希望股票仓位更灵活一些，则可以选择混合型基金，一般偏股混合型股票仓位在 60% 以上，平衡混合型股债上限 70%、下限 30%，灵活配置型对股票仓位没有特别限制。

主动权益基金的头部效应明显，各家大基金公司也都在力推"明星基金经理"。但在 2021 年开始的震荡市中，巨无霸基金相比规模适中的基金调仓难度更大、流动性管理要求更高，所以，市场上近年来也涌现出一批"小而美"的主动权益基金产品。

4. 指数型基金

顾名思义，指数型基金就是跟踪特定指数，通过购买该指数的全部或部分成分股构建投资组合，以跟踪标的指数表现的基金产品。

按照指数型基金跟踪的特定指数标的分类，指数型基金可以分为宽基 ETF、行业 ETF、主题 ETF、策略 ETF 等。截至 2022 年年底，国内指数型基金规模合计超过 2 万亿元。宽基 ETF 是指数型基金中十分重要的品种之一，在行业轮动的牛市里，购买以中证 500、沪深 300、创业板指数为跟踪标的的指数型基金产品管理费率相比主动权益基金产品管理费率更低，而取得的收益至少可以跟大盘保持一致。

近年来，行业 ETF 和主题 ETF 基金的规模也出现了快速增长。除了挂钩股票指数外，挂钩债券指数的基金受到机构投资者的青睐。挂钩商品指数的基金除了黄金外，品种目前较为单一，只有豆粕 ETF、有色金属 ETF、石油 ETF 等少数品种。

指数型基金产品相对较为同质化，并且发行需要用到各家基金公司的销售资源，所以，行业集中度较高，华夏、易方达、华泰柏瑞、国泰基金等公司在指数型基金产品上占比较高。

5. 量化基金

截至 2022 年年底，市场上共有 400 多只量化基金产品，规模合计约为

2 500 亿元。量化基金不同于主动权益产品，它更强调风险管理，并且量化模型的容量有限，在股票牛市里业绩表现不如主动权益产品，难以形成爆款产品，这也导致了公募基金在量化人才方面的储备不如专攻量化的私募基金，但有些中小基金也希望通过开拓量化基金产品走差异化发展的道路。

6. FOF 基金 / 投顾业务

把 FOF 基金和投顾业务放在一起来说是因为两者有异曲同工之处，核心内容都是给投资人出具大类资产配置建议，提供一揽子公募基金组合供投资人选择。

下面先来回顾一下 FOF 基金在国内的发展历程。2016 年，监管机构发布了 FOF 基金相关法规和指引；2017 年 10 月，第一只 FOF 产品南方基金的"南方全天候策略 A"问世；2021 年，FOF 基金产品规模迎来爆发式增长，截至 2022 年年底，FOF 基金数量达到 200 多只，合计管理规模达到 2 000 多亿元。

国内 FOF 基金可以分为养老 FOF 基金和普通型 FOF 基金。养老 FOF 基金又分为养老目标风险 FOF 和养老目标日期 FOF，其中养老目标风险 FOF 占据养老 FOF 基金的绝大比例。从美国的发展经验来看，401（k）等养老保障机制的建立和相关优惠政策的出台促进了美国养老 FOF 基金的蓬勃发展，国内几十家公募基金都已经在布局公募 FOF，希望在新的领域中分一杯羹。个人养老金投资管理规定的颁布也将为养老 FOF 打开新的增量资金渠道。截至 2021 年年底，交银施罗德和兴证全球管理 FOF 基金规模在行业内位居前列，公募 FOF 的持仓会有一定比重是持有自家发售的基金，所以，公司其他公募产品业绩好，对本公司的公募 FOF 发展会有一定的促进作用。

在投顾业务方面，《关于做好公开募集证券投资基金投资顾问业务试点工作的通知》的发布标志着基金投顾业务的开始。截至 2021 年年底，已有

61 家机构获得基金投顾试点资格。公募基金投顾业务的销售渠道主要依靠天天基金、蚂蚁财富等第三方机构，产品覆盖绝对收益、股债均衡、权益进取等策略。投顾业务可以作为基金公司拓展客户的一个新的发力点，预计未来会在监管的指导下获得更为规范的发展。

7. 其他基金品种

除了刚才所说的几大类公募基金，QFII 基金也是国内投资人投资海外的重要投资渠道之一；公募 REITs 在 2021 年首批试水后，从发行到上市都受到市场投资人的追捧，收益稳健，一些公募基金也在加强公募 REITs 团队的搭建和布局。

5.2 公募基金内部架构

尽管每家公募基金公司的内部构架不尽相同，但从职能角度大体上可以分成三大体系：投研体系、市场体系和中后台体系。接下来我会进行公募基金三大体系下属职能部门的梳理，这里的梳理以求全为主，事实上并不是每家公募基金公司都会覆盖所有业务的。

投研体系顾名思义就是进行投资和研究，是公募基金公司的核心体系。从业务角度来看，投研体系可以分为主动权益（权益投资部）、主动量化（量化衍生品投资部：指数增强、多空对冲等）、被动量化（指数投资部：指数、ETF 基金等）、债券和货币（固定收益部）、非公募业务（专户投资部：专户业务、社保账户、企业和职业年金、城镇基本养老账户、QFII 投顾等）、FOF 及基金投顾（FOF 投资部）、QDII（国际业务部）、公募 REITs（REITs 投资部）等。业务虽多，但在投资标的上，与前文讲述的投资品种基本对应。每家公司的部门名称可能有差异，但业务本质都是一样的。

投研体系上会设置投资决策委员会，下设研究和支持部门，一般包括研究部交易部及其他支持部门（券商联络、投资观点传达、投资内部合规管控等）。年轻人入行大多从研究部或交易部做起，研究部的职责自然就是研究行业及个股、宏观策略、利率走势、企业信用等，而交易部的职责则主要分为股票交易和债券交易。股票基金经理往往从研究员中选出，而债券基金经理则既有债券研究员又有债券交易员出身的。

市场体系囊括的部门一般有基金销售或者进行相关支持的部门，一般分为渠道销售、券商销售、机构销售、互联网金融业务、养老金业务及其他支持部门（品牌宣传、客服、数据支持等）。

渠道销售对接各银行总行零售部乃至各分行、支行，主要负责公募基金产品的发行工作。券商销售与渠道销售类似，但主要对接各券商及其营业部。机构销售对接包括银行资管、自营、保险等委外相关部门的资金委托方。互联网金融是近几年兴起的新兴业务，也就是基金公司与各互联网销售平台（蚂蚁财富、天天基金网等）对接的部门，协调互联网平台，使其能够拿出更好的资源位来销售本公司的基金产品，发展势头强劲。另外，所谓的基金财富子公司也往往脱胎于基金公司的互联网金融，只是其从销售本公司的产品扩张为销售全市场的产品，除了对接蚂蚁财富等第三方平台，互联网金融部和财富公司也会运营自己的 App，即所谓的直销业务。养老金业务则主要负责对接社保理事会、企业、职业年金委托人等。市场体系的支持部门一般包括产品部、品牌宣传、客户服务、数据支持等。

中后台体系包含风险控制、稽核法务、运营、IT、人力、财务等部门。有时也会将产品部放在中后台体系中，而大中型公司的风控部门会内嵌一支金工数据团队，这两个部门的岗位从专业性角度来看其实也是不错的选择。

5.3　公募基金优劣势剖析

　　下面将对公募基金的优劣势进行剖析，以期对读者选择相关方面职位有所帮助。

1. 优势

　　公募基金行业自诞生之初，就恪守"卖者尽责，买者自负"的原则，因此，尊重契约精神的委托理财文化在公募基金行业里也最为根深蒂固。所以我认为公募基金的第一大优势在于大部分基金投资人在经历几轮股市牛熊的洗礼后，已经形成盈亏自负的投资理念，因此，公募基金的刚兑压力和舆情管理压力是相对最小的。

　　公募基金的第二大优势在于它的运作模式较为成熟、专业性强、人才储备和激励制度更为完善、运作透明度最高。如果有兴趣比较前十大公募基金和前十大型券商资管 / 理财子公司 / 保险资管的大股东就会发现，其他金融子行业头部机构的大股东普遍实力强大，也就是说，其他行业机构很多都是靠股东支持和资源优势发展壮大的；而前十大公募基金的股东却往往较为分散，比如易方达基金的前三大股东分别为盈峰控股、广发证券和粤财信托，股东不会给予过多的外部支持，也基本不参与具体的投资决策管理。公募基金从整体来说还是以业绩为导向的，所以，各家公募基金市场化的激励机制普遍较为到位。

2. 劣势

　　公募基金最明显的劣势是基金销售严重依赖外部渠道。虽然每家公募基金都在努力加强直销规模占比，但相比银行、券商和保险庞大的分支机构来说，公募基金在销售端的布局十分薄弱，尤其是对于中小基金公司来说，认购费和管理费的相当一部分都要支付给代销机构。

3. 总结

在资管新规颁布后，公募基金行业受到监管收紧的冲击最小，在净值化时代更受投资者的青睐。在我国居民的资产配置中，权益资产的占比还远小于欧美等发达国家和地区，在提高直接融资占比的大形势下，未来权益资产占比有较大的提升空间，整体利好公募基金行业。

5.4　私募基金

聊完公募基金，再来讲一讲私募基金。私募基金与公募基金相比最大的区别在于私募基金只能向特定群体募集资金，而公募基金可以向社会大众公开募集基金。

所谓特定群体，也就是常说的合格投资者。《私募投资基金监督管理暂行办法》规定，私募基金合格投资者的标准如下。

具备相应风险识别能力和风险承担能力，投资于单只私募基金的金额不低于 100 万元且符合下列相关标准的单位和个人。

（1）净资产不低于 1 000 万元的单位。

（2）个人金融资产不低于 300 万元或者最近三年个人年均收入不低于 50 万元（前款所称金融资产包括银行存款、股票、债券、基金份额、资产管理计划、银行理财产品、信托计划、保险产品、期货权益等）。

除了募集对象和方式不同，私募基金在信息披露方面的要求较低，并且一般除了收取管理费，还会收取业绩提成。

从宽泛的定义来看，私募基金既包含私募证券投资基金，又包含私募股权和创投基金。截至 2022 年年底，私募基金的总规模达到 20.03 万亿元。

而通常与公募基金一起讨论的是投资二级市场的私募证券投资基金，截至 2022 年年底私募证券投资基金规模达到 5.56 万亿元。在基金业协会已备案的有 9 022 家，在 9 000 余家私募基金中，管理规模在 5 亿元以下量级的管理人占比接近 87%，而百亿元量级私募基金有 100 余家，其中高毅资产、景林资产、淡水泉投资等机构管理资产规模超过 1 000 亿元。从以上数据中可以清晰地看到，私募基金的管理规模方差相比公募基金的管理规模方差更大，与公募基金仅仅 156 家的数量相比，私募基金可以说是数量庞大，甚至鱼龙混杂，这也跟私募基金相比公募基金更为宽松的开立要求和监管政策有关，因此，私募基金对投资者的门槛要求更高，监管机构希望私募基金的持有人具备相应的风险识别和风险承担能力。

私募基金根据投资策略来划分，主要可以分为以下六类。

（1）股票多头基金：主要投资于股票市场并且无对冲或空头头寸，类似于公募基金中的混合型基金，但私募股票多头基金灵活性和可操作空间要高于公募基金。

（2）股票对冲基金：会使用对冲手段对冲基金所持有的股票多头，对冲手段包括股指期货、场内 / 场外衍生品等。

（3）管理期货币基金（ Commodity Trading Advisors，CTA）：是指在期货 / 期权市场上根据价格的变动获取收益的私募基金。其投资范围主要包括股指期货、国债期货、商品期货、场内期权等标的。由于期货市场相较于权益市场存在多空制度与杠杆制度，所以，管理期货基金可以在市场上涨或下跌中获取收益，也可以利用杠杆放大基金的收益。

根据投资理念和决策手段的不同，管理期货基金可以分为量化基金和主观基金。量化基金通过长短周期信号的捕捉、数量化的模型（如多因子模型）等对市场发生的变化进行分析，并以此为依据来判断走势，获取收益。而主观基金通过对期货基金基本面的研究或者对商品上下游的相关性的研究等来判断走势，获取收益。

（4）债券基金：主要投资于债券市场的私募基金。私募债券基金的投资人对收益的要求普遍更高，并且私募相比公募的借钱成本更高，所以，私募债券基金会通过下沉主体资质或投资于一些小众品种比如资产支持证券次级来获取超额收益。近几年随着债券违约时不时出现，市场上也涌现出一批专注做高收益债的私募基金，通过识别信用风险择券及"黑天鹅"事件后捡漏二级低价收券等策略来博取超额收益。

（5）宏观基金：主要采用大类资产配置的方法，在经济周期的波浪中通过主观判断或数量化的手段，遴选合适的资产进行配置。

（6）FOF 基金：私募 FOF 跟公募 FOF 的主要区别是私募 FOF 的母基金主要投资于私募基金，一些优秀的私募基金额度非常抢手，因此，投资人可以通过购买 FOF 母基金的方式间接持有底层私募基金份额。

5.5　相对收益与绝对收益

有不少朋友问过我同一个问题：公募基金和私募基金的最大区别到底在哪里呢？我认为核心不同在于公募基金考核相对收益，而私募基金更追求绝对收益。

公募基金产品（尤其是权益型）在多数情况下都是相对收益产品，其核心目标是跑赢业绩基准、跑赢同业的同类产品，在熊市时即便亏钱只要能比其他基金亏得少也有机会在业绩考核中名列前茅。与之相对应的则是绝对收益产品，其核心目标是在客户可承受的风险范围内获取令其满意的绝对收益。

相对收益一直是公募权益产品饱受诟病的原因之一，但由于相对收益在牛市中较容易获得超额收益，因此，个人容易在媒体的吹捧下名气陡然上升，成为"明星基金经理"和公司招牌。事实上，在很多时候相对收益赌的成分较重，且只需要聚焦在选股或者选行业上，有些权益基金经理为了避免自己的业绩落到后1/2位，会采取"随大流"的投资策略，这也是近年来公募基金抱团现象严重的原因之一。而绝对收益所需的相关技能则复杂不少，包括择时、衍生品对冲和资产配置等。随着财富管理理念的发展，绝对收益也越来越受到公募基金公司的重视。

5.6　是否应该"奔私"

早些年由于公募基金的收入上限相对私募基金没有优势，使得"奔私"成为公募基金经理获得一定市场地位后的主要选择。但是，近年来形势也在不断发生变化，一些公募基金通过事业部或类事业部的提成模式来留住优秀的基金经理。

所谓事业部，也就是基金经理与公司不再是简单的雇佣关系，而是某种程度上的合作关系，事业部具有相对独立的人事权和财权，其与公司之间按协议进行收入和利润的分配。这样的变化使得基金经理的收入上限被打开，也有利于公司留住优秀人才。

当然，现实世界并不是那么简单的。当越来越多的公司（尤其是中小公司）加入事业部的行列时，有些老牌的事业部公司则在默默回归非事业部的传统路线，这可能是因为公司处于不同的发展阶段所采取的运行模式有所不同。

再回到"奔私"的话题，我认为是否"奔私"是一个见仁见智的事情。我见过太多的明星公募基金经理进入私募行业后变得默默无闻，但也有一些公募基金经理在私募行业里做得风生水起，自己的事业越做越大，毕竟在公募基金哪怕是事业部制也是在给公司打工。

在"奔私"前我觉得需要考虑如下几个问题。

（1）正如上文所讲，私募基金更追求绝对收益，你是否适应这样的考核机制并且有为投资人创造长期绝对收益的能力？

（2）你所擅长的领域从长期来看是在私募基金还是在公募基金发展更有优势？如果你是做 CTA 或量化投资的，那么私募基金的管理水平和人才储备在目前是明显高于公募基金的，包括宏观对冲基金的高手也主要在私募基金那里，如果你深耕这些领域则可以优先考虑在私募基金发展，而固收类或货币类产品目前还是公募基金更具有规模优势。

（3）如果你已经是资深的基金经理，那么"奔私"需要考虑自己是否具备一定的募集资金能力，在高净值客户中是否有号召力。对于私募基金来说，30 亿元规模差不多是私募基金的盈亏平衡点，低于 10 亿元规模私募基金的日子就很难过了，而且这个管理规模要考虑其稳定性，如果需要你背后承诺保本且通过结构化募资，那募资实力就要大打折扣了。

5.7　实操问题解答

星友 1 提问：

老师您好，请教您一个问题，为什么权益类小公募 / 银行系公募，有的产品业绩做得好，规模依然小，但有的头部顶流业绩做得差，买的人依然很多？难道不是按业绩论英雄？和广告、渠道也有关系吗？

答：

这个问题问得很好。事实也是如此，我觉得主要有以下几个原因。

（1）中小公募基金影响力弱，销售也不给力，没有获得国股大行代销资源，所以，业绩好的产品规模依然较小。

（2）头部公募规模大的产品很多是在牛市情绪高涨的时候正好踩对点发行的，在行情不好的时候新发产品都有压力，规模也会缩水很多。

（3）基金经理擅长的风格不一样，很多基金经理的管理半径是有限的，这也就导致产品规模过大反而业绩平庸，所以，我在推荐基金时一直建议各位星友不要盯着规模过大的基金。

星友 2 提问：

老师您好，想请教一下您怎么看 FOF 未来的发展？我感觉 FOF 等同于自上而下，且未直接接触底层资产，因此，从确定性和超额收益角度来看是有劣势的；但由于目前渗透率低、增速快，且还有未知的"靴子"（养老金），可能很多人觉得 FOF 是一条好赛道。您怎么看我的这些认知？

答：

整体是正确的。FOF 的一个价值是解决或者缓解一种困境：公募基金，尤其是权益公募基金的相对收益模式高度不适合居民财富管理。另外，FOF 确实已从前几年的质疑声中走了出来，未来也有一些值得期待的发展空间。说它好的核心是因为它毕竟是投研岗位，就当前国内金融行业就业来说，投研岗位对大多数人来说都是稀缺的好机会。但在投研内部，说它发展前景很好，甚至与权益公募基金的发展比肩，那是谈不上的。

星友 3 提问：

老师您好，即将入职一家百亿元规模私募基金的应届毕业生想问，作为私募基金研究员，在天然派点比公募基金少的情况下，如何和卖方搞好关系？感觉天然和公募基金比有劣势，但又很想尽量弥补这方面的差距，请问您有什么建议？

答：

这是一个有意思的问题。我觉得人与人之间的尊重和信任是相互的，卖方研究员从派点角度考虑的确会花更多精力在公募基金研究员身上，但他们也会有自己比较熟识的私募基金研究员。你可以选择几家投资理念比较匹配的券商团队重点保持联系，而且卖方的一支团队里既有首席也有团队成员，可以先跟比较谈得来的团队主力成员搞好关系，比如需要数据可以先找团队成员，需要很重要的信息再问首席。遇到他们组织的活动要多多参与。市场上有那么多卖方，每个买方都会有自己比较熟悉的卖方朋友。

星友 4 提问：

老师您好，您觉得为什么银行系的公募一般来说搞不好权益呢？是因为背靠债券没有盈利动力吗？

答：

我觉得其实权益搞不好，主要原因就是管理理念和绩效激励不够市场化。银行系的公募基金基本背后都有股东支持，所以固收规模不愁；一把手和高管也基本上都是母行派过来的，这些人其实并不懂权益市场，受限于母行政策也无法给予优秀的投研人员足够的激励和较为良好的投研氛围。所以，我不是很建议做权益的人去银行系的公募。

星友 5 提问：

老师您好，能否介绍一下公募基金里"专户投资经理"这个职位？与基金经理助理—基金经理条线相比，有何优劣？

答：

公募基金公司的业务主要有两大块：公募基金业务和特定客户资产管理业务（又称专户理财业务，包括一对一、一对多）。总体而言，基金经理的发展路径好于专户投资经理，主要是因为基金经理有公开的可以追溯的业绩，市场知名度也更高，只要你业绩做得好，跳槽或内部晋升更受认可。专户投资经理的业绩是非公开的，而且受委托你的客户偏好和要求限制，有些专户投资经理甚至承担通道的角色，主动话语权不高。不过，有些专户投资经理管理养老金或社保专户，金额大又磨合得比较好，还是比较有优势的。

第 6 章

金融行业之其他机构

在前面几章中详细介绍了金融行业中券商、银行、公募基金和私募基金这几个子行业，接下来将对金融行业中的其他子行业进行点评。

6.1　保险资管

保险资管相比银行理财、公募基金甚至信托公司，在行业外的曝光度并不高，但其实它是名副其实的大买方，截至 2021 年年底，保险资金运用余额达到 23.2 万亿元。

保险资管的历史可以追溯到 2003 年我国第一家保险资管公司——人保资管成立。保险资管公司一般都脱胎于保险集团的投资管理中心。在保险产品的精算假设中会涉及投资收益率的假设，投资收益率的实现最早是通过在保险集团内设立投管中心来实现的。

随着保险业资产规模的不断增长、投资资产种类的扩大和金融环境的复杂化，也出于保险业务和投资业务监管隔离的考虑，保险资管逐渐独立于母公司。但受限于严格的投资品种限制，直到 2012 年保险资产管理行业进入市场化改革元年，保险资金投资限制大举放开；2013 年 2 月，保监会出台《关于保险资产管理公司开展资产管理产品业务试点有关问题的通知》，标志着保险资产管理公司可以发行定向产品及集合产品，保险资管也正式迈向"大资管"范畴。

截至 2021 年年底，我国境内保险资管机构共有 34 家，保险资管机构披露信息、信用风险、股票投资、债权投资、股权投资、衍生品运用能力都可以在中国保险资产管理业协会网站上查询到。我国的保险公司数量众多，但保险资管只有 30 余家，一方面，对中小保险公司来说，设立保险资管公司不具备规模效应；另一方面，监管机构对各类资管公司的设立也较为谨慎。因此，未设立保险资管公司的保险机构一般仍沿用投资管理中心（以下简称"投管中心"）的模式。如果你收到的 Offer 或正在投递简历的保险"资管"公司并不在 34 家名单内，那么大概率就是母公司的投管中心。投管中心受限于人员规模和偏被动的经营模式，市场化程度普遍较低。

1. 保险资管的盈利模式和投资方向

保险资管作为大资管行业中的一员，其实质也是受人之托、代人理财，依靠收取管理费获取利润，有些产品尤其是权益型产品还会有业绩提成。

保险资管的主要资金来源是集团的保险资金，但近年来第三方委托资金（如企业年金、养老保险金、银行资金等）占比也在不断提升，目前第三方委托资金占整个行业规模约三成。

保险资管行业整体的管理费率在 0.15% 左右，远低于公募基金水平，这主要是因为保险资管的资金主要来自集团内，第三方资金占比较小，市场化程度偏低。

行业主要资金来源决定了该行业的集中度较高、规模优势明显，保险资管前三大公司（国寿、平安和泰康）的行业集中度接近 50%。虽然国寿稳居第一的位置，但是在市场化方面，平安和泰康更胜一筹，根据总部的地理位置有"南平安，北泰康"之说。

再来看保险资管的投资方向。保险资管的受托资金负债端久期较长（比如保险客户买寿险类产品期限普遍在 15 年以上，分红型产品普遍在 10 年以上），保险资金体量较大，风险偏好较低，决定了保险资金的投资方向以固收类资产为主，并辅以权益类资产和另类资产（非标类）。

具体来看，保险资金投资占比最高的是债券，占总资产规模接近四成，具体投资品种以利率债为主，也有部分高等级信用债。

其次是金融产品，占比约为 20%，具体包括债权投资计划、集合资金信托计划、商业银行理财产品、信贷资产支持证券、证券公司专项资产管理计划和项目资产支持专项计划等。

金融产品穿透来看主要投向非标类资产，存量非标资产的收益率主要分布在 5% ～ 6% 的收益率区间。这里需要说明的是，一提到非标大家首先想到的是信托产品，但其实除了信托产品，保险体系下也有非标类产品供给。在保险业协会备案的非标类产品主要分为三类：债权投资计划、股权投资计划和项目资产支持专项计划。其中，债权投资计划投资于基础设施、商业不动产等领域，相比于信托产品投资期限较长，可以达到 3 ～ 5 年甚至更久；股权投资计划主要投资于一些股权基金和产业基金，靠每年分红获取收益，投资期限普遍在 5 ～ 10 年；项目资产支持专项计划可以说是保险体系下的资产支持证券，与交易所和银行间资产支持证券基础资产相似，但发行场所不同。

保险资金的第三大投向为银行存款（含存单），占比约为 13%；第四大投向为股票资产，占比约为 8%，且近年来保险资金投向股票二级市场的增速维持在较高水平；第五大和第六大投向为组合类产品及公募基金，2020 年的资产投向规模分别为 1.07 万亿元和 0.86 万亿元。除此之外，股权类、投资性不动产、金融衍生工具、境外投资和其他资产也是保险资金的投资方向。

2. 优劣势对比

（1）优势

保险资管的最大优势在于它有着较为稳定的长期资金来源，负债端久期长使得保险资管在资产端可以配置长久期、收益率较高的资产，因此，保险资管的业绩考核周期通常长于公募基金的业绩考核周期，有利于团队的稳定性。

同时，也因为保险资管的资金属性和对稳定业绩的要求，头部保险资管在大类资产配置方面有较大的需求，业务条线齐全，近年来，公募基金也纷纷从保险资管挖大类资产配置/FOF人才。

（2）劣势

保险资管的劣势我认为主要有两点。

一是保险资管虽然与公募基金、券商资管、信托公司等资管机构做着同样的业务，但它的资产管理机构的身份并不被广泛认知，而且交易所、登记公司、银行间市场等在相关业务资格、开立账户、业务信息系统等方面对保险资管机构仍有一些限制。

二是保险资管的投资约束较多。保险资管负债端资金与民生息息相关，监管层对保险资管资金运用的安全性要求更高。

保险资管面临固定的资金成本和资金收取、支付的流动性要求，这决定了保险资产管理公司更强调风险管理和防范。保险资金的特殊性要求保险资产管理必须遵循保险资金运营的自身规律，审慎、理性地进行投资，有效、全面地管理风险、覆盖成本，更追求绝对收益和均衡投资，需要在大类资产配置过程中实现长期投资和价值投资。

3. 求职建议

（1）公司选择

保险资管行业头部集中度高，且排名多年几乎没有大的变动，所以，建议优先选择行业第一和第二梯队公司。

行业第一梯队（净利润20亿元以上）：共四家，分别是泰康资产、平安资产、国寿投资保险资产及国寿资产，这四家公司的行业净利润约占全行业净利润的60%。

行业第二梯队（净利润5亿～10亿元）：包括阳光资产、国寿养老、中再资产、长江养老和太保资产这五家。

（2）职业路径选择

保险资管的业务归根结底可以分为两大板块：投行业务板块和资产管理业务板块。保险资管的投行业务有别于券商的投行业务，主要以私募非标业务为主，也就是前文提到的债权投资计划、股权投资计划和项目资产支持专项计划的承揽和承做。受制于监管机构对非标的整体限制和保险资管非标业务资金来源相对较为狭窄，所以，我并不建议优先考虑去保险资管做投行业务。如果你有志于做投行业务，则建议优先选择券商的投行部。

保险资管的资产管理业务板块不同方向可以说是各有千秋。

权益板块的管理费率更高，但只有少数资产管理规模较大的保险资管有较为完善的权益投研团队（如平安、人保、国寿、泰康、阳光等），职位较少，且有些公司的市场化程度较低，投资的细分行业和标的也带有强烈的保险资金印记（大规模、低风险），好处在于较为稳定，但市场化程度也弱于公募基金的市场化程度。

固收类职位建议选择第三方资金团队，既能站在保险资管多年积累的固收类资产投资经验之上，又能链接市场化的资方，贡献更高的管理费率，进可跳槽去其他泛资管机构（身边的实例包括去公募基金、券商资管、银行理财子公司等），退可在大平台做较为轻松的业务。

保险资管的 FOF 职位也是不错的选择之一，毕竟保险资管在 FOF 领域深耕多年，具有先发优势。

（3）避坑要点

银保监会在 2021 年年底出台了《中国银保监会办公厅关于规范和促进养老保险机构发展的通知》，主旨是要求养老保险机构专注于养老属性的本职业务，要求终止或剥离与养老无关的保险资产管理业务，原则上于 2023 年年底前完成存量业务清理。所以，如果你想去养老保险机构做资管业务，要事先打听一下资管业务在未来是否有被压缩清退的风险。

6.2 信托公司

国内信托公司可以说是最具有中国特色的金融机构。在海外，信托凭借财产独立、破产隔离的优势，主要为企事业单位和高净值客户管理资产和辅助家族传承；在国内，信托公司在过去很多年里的主要利润来源却是影子银行业务。

作为银行最忠实的伙伴，信托融资是银行信贷的有效补充。信托公司融资业务也就是我们俗称的非标业务，实际投向的大头有两部分：房地产和政信类业务。但随着资管新规的实施，监管机构要求打破刚兑、非标转标，在经历过 2008—2017 年的野蛮生长后，从 2018 年开始行业增速进入负增长，信托公司也正在面临转型的阵痛。

截至 2021 年年底，信托行业资产规模余额约为 20.55 万亿元，而巅峰时期一度达到 26 万亿元的体量，2021 年全行业实现经营收入 1 207.98 亿元，利润总额 601.67 亿元，人均利润 100.22 万元，见表 6-1。

表 6-1　2017 - 2021 年信托业规模、业绩和资本变化一览

年　　度	2017 年	2018 年	2019 年	2020 年	2021 年
信托资产规模	26.25 万亿元	22.70 万亿元↓	21.60 万亿元↓	20.49 万亿元↓	20.55 万亿元↑
经营收入	1 190.69 亿元	1 140.63 亿元↓	1 200.12 亿元↑	1 228.05 亿元↑	1 207.98 亿元↓
信托业务收入	805.16 亿元	781.75 亿元↓	833.82 亿元↑	864.47 亿元↑	868.74 亿元↑
信托收入占比	67.62%	68.54%↑	69.48%↑	70.39%↑	71.92%↑
利润总额	824.11 亿元	731.80 亿元↓	727.05 亿元↓	583.18 亿元↓	601.67 亿元↑
固有资产	6 578.99 亿元	7 193.15 亿元↑	7 677.12 亿元↑	8 248.36 亿元↑	8 752.96 亿元↑

续上表

年　　度	2017 年	2018 年	2019 年	2020 年	2021 年
所有者权益	5 250.67 亿元	5 749.30 亿元↑	6 316.27 亿元↑	6 711.23 亿元↑	7 033.19 亿元↑
实收资本	2 417.70 亿元	2 654.15 亿元↑	2 842.40 亿元↑	3 136.85 亿元↑	3 256.28 亿元↑
信托赔偿准备金	221.12 亿元	260.71 亿元↑	291.24 亿元↑	321.54 亿元↑	346.28 亿元↑

数据来源：根据中国信托业协会公开数据整理。

1. 产品分类

目前大致有 68 家信托公司，按照产品分类可以分为单一资金信托、集合资金信托和财产权信托。

单一资金信托也就是俗称的通道业务，委托人以银行为主，这也是信托公司被称为影子银行的主要原因。信托公司的单一资金信托规模这几年呈现加速下降态势，截至 2021 年年底，单一资金信托规模约为 4.42 万亿元，同比下降 28%，占比约为 21%，而在 2017 年，单一资金信托的规模占比为 46%，差不多占信托公司业务规模的"半壁江山"。单一资金信托快速下降的主要原因是监管机构要求信托行业去通道化，也许在未来的某一天，信托行业"影子银行"的称号将不再被人提起。

集合资金信托截至 2021 年年底的规模达到 10.59 万亿元，占比为 52%。集合资金信托业务是各家信托公司的主力业务。

财产权信托也可称为管理财产信托，截至 2021 年年底的规模约为 5.54 万亿元，相比 2020 年同比增长 33%，占比约为 27%。

从具体投向来看，信托公司的前六大投向分别为工商企业、证券投资、其他、金融机构、房地产和基础产业。从投向趋势来看，信托资金投向基础产业（政信类业务，其实工商企业和其他类中也有一部分实质是类政信类业务）和房地产业务的占比在不断下降，而投向证券市场的占比在大幅提升。

2. 优势

信托公司的核心优势可以归纳为以下两点。

（1）制度优势：《中华人民共和国信托法》明确规定了信托产品具有破产隔离的效果，信托产品一旦设立，独立于受托人和委托人。基于信托这种特殊的法律地位，信托产品可以承担事务管理功能。我们经常看到海外有些高净值客户把自己的大部分财产信托给信托公司并指定受益人，通过家族信托的模式实现风险隔离和财产传承。

（2）牌照优势：信托公司是国内最早具有全牌照投资资格的资产管理机构，受到的投资管理限制最小，在行业内也戏称信托是金融行业的"万金油"，几乎什么类型的投资业务都可以做，这使得它具有跨市场资产配置和财富管理的优势。

但也正因为信托公司什么都能做，在过去的很多年里，信托行业选择走捷径、挣快钱的模式：大力发展非标和通道业务，拉几个人成立一支团队挂靠一家公司做几单高收益的非标，每年的提成非常丰厚。但在市场和监管环境发生变化后，未来信托类私募投行的融资类将逐步压缩，信托公司将真正回归本源，发挥自身的制度优势，做好资产管理、财富管理和事务管理工作。

3. 转型之路

目前来看，信托公司转型的大方向主要有以下三个：逐步压缩融资类业务规模、加大投资类业务占比和去通道化向主动管理转型，从而逐步降低对传统房地产和政府融资平台业务的依赖度。在具体业务层面，各家信托公司的举措包括如下几种。

（1）做固收、"固收＋"主动管理产品。凭借信托公司在非标业务上积累的对企业客户（尤其是城投客户）的了解，不少信托公司开始主动转型搭建自己的债券投资团队。

相比公募基金和银行理财，信托的固收产品收益和风险偏好相对较高，也会对一些传统的非标客户进行标准化债券投资的转化（比如拼盘发行私募债），有些信托公司也在探索高收益债产品。

（2）开拓 FOF/MOM 领域。信托公司直接投资二级市场直面公募基金的竞争目前难度较大，但很多信托公司依靠过去多年做通道类的证券投资业务积累了一批优质的私募客户，所以，不少信托公司也在探索通过私募 FOF/MOM 的形式投资，弥补自己在二级权益类产品上的短板。

（3）做大事务管理型产品。事务管理类业务也是信托公司区别于其他资管机构的牌照红利，一些信托公司在资产支持证券产品上不断发力，做到行业排名前列。另外，一些信托公司积极探索家族信托、保险金信托、慈善信托等产品，寻求新的业务增长点。

（4）传统私募投行业务打破刚兑，为企业提供一揽子解决方案。信托公司传统的非标业务也不会彻底消亡，而是从简单通道类业务向主动管理业务转型，从简单的债权融资向投资类业务转型，通过股权、债权、股债结合等多种模式为客户提供融资解决方案。

4.潜在风险和求职建议

最后，再来讲讲信托公司的一些潜在风险点和需要考虑的因素，并给出求职建议。

（1）房地产业务违约处置风险

前文提到，过去几年信托公司的主要投向之一就是房地产业务，随着房地产行业风险加剧、民营房企不断出现违约潮，房地产信托实质违约也在不断爆发。非标项目因为信息不公开披露，所以，除了看信托公司报表中披露的不良率以外，还可以观察房地产信托金额占这家信托公司的规模，房地产相对和绝对占比较高的信托公司可能整个公司都会被问题资产处置拖累。

（2）监管趋严风险

信托公司的业务范围庞杂、灵活度较高，受到监管政策影响较大，信托从业人员可以说是夹缝中求生存，需要不断创新以适应新的监管要求。从目前来看，简单粗暴的传统非标模式早已是一片"红海"，所以，建议新入行信托公司的读者优先选择投资类业务板块的相关部门，回归信托业务本源。

（3）选择信托公司需要考虑的因素

① 股东背景：信托公司股东背景大致可以分为央企、民企、银行系和地方政府系，强大的股东支持对信托公司的业务开展肯定是加分项，尤其是银行系的信托公司在渠道销售方面更占优势，民企系的信托公司要关注股东的实力和负面舆情。

② 注册和总部所在地：2021 年 9 月，银保监会出台《关于整顿信托公司异地部门有关事项的通知（征求意见稿）》，要求董监高（董事、监事和高级管理人员）常驻注册地、中后台回归注册地，并对异地部门进行了部门和人员数量的限制，建议选择信托公司的时候优先选择公司总部。

③ 主动管理业务规模：一些信托公司业务规模虚高，主要是通道类业务占比较大，所以，评估一家信托公司不仅要看它的管理规模，还要看主动管理规模占比。

④ 资产质量：在前几年市场好的时候，有些信托公司展业激进，也积攒了很多风险，比如已经暴露出问题的民生信托、雪松信托、四川信托、安信信托；还有一些信托公司不良和关注项目较多，将会对公司员工的后续业务开展和奖金绩效造成较大影响。

⑤ 激励机制：信托公司的前台业务部门基本上都是团队作战的，不同

信托公司的激励机制相差较大，如果你对薪酬比较在意且有资源、有能力，建议你优先选择激励机制较好的信托公司。

6.3　不良资产管理公司

资产管理公司（Asset Management Companies，AMC）被大众所熟知还是因为一件影响较大的违规事件。AMC 到底是做什么的？市场上的 AMC 都有哪些？可能金融行业的从业人员对此也是知之甚少，所以，在这部分内容中，我将以问答形式带领各位读者全面了解资产管理公司。

1. 什么是资产管理公司

资产管理公司是专门负责收购、管理和处置不良资产的机构。它成立之初的目的很明确：依法处理国有银行不良贷款，促进国有银行和国有企业的改革和发展。1999 年，财政部成立了四大资产管理公司：信达、东方、长城和华融，分别对应接收国家开发银行、中国建设银行、中国银行、中国农业银行和中国工商银行的不良资产，注册资金由财政部全资划拨。当国有大行不良资产压降结束、四大资管阶段性完成历史使命后，开始进行商业化转型，逐步演变成金融控股集团，经营范围也不仅限于不良资产处置工作，并且市场上涌现出更多的资产管理公司。

2. 当前市场上都有哪些资产管理公司

目前 AMC 行业的格局可以概括为"5+2+ 银行系资产管理公司 +N"。
"5"指全国性的 AMC。
除了前面介绍的信达、东方、长城和华融，还有 2020 年成立的由中央汇金作为实际控制人的银河资产管理公司。五大全国性金融资产管理公司都是经国务院和银保监会批准成立的，是持牌金融机构，受《金融资产管理公司监管办法》《金融资产管理公司条例》等规章制度的约束。

"2"是指每个省级行政区原则上最多可以成立两家地方 AMC。

2012 年，财政部和银监会印发《金融企业不良资产批量转让管理办法》，允许各省级政府设立或授权一家地方 AMC 参与本区域范围内不良资产的处置工作。2016 年各省级行政区的地方 AMC 扩容至两家，截至 2021 年年底有 60 余家地方 AMC 已经设立。

地方 AMC 由省级政府批准其不良资产业务经营资格，银保监会负责制定地方 AMC 的监管规则，但履行监管责任还是由各地地方政府负责的，所以，从严格意义上来说，地方 AMC 不属于金融持牌机构。在地方 AMC 的发展初期，其业务繁杂，除主业外，也做很多非主业的通道和投资业务；但是近年来，监管机构对地方 AMC 的管理逐渐加强，地方 AMC 也逐步聚焦主业、回归正轨。

"银行系资产管理公司"是由境内的商业银行作为主要股东设立的，主业为从事银行债转股业务和不良资产的化解。截至目前，我国共有中国建设银行、中国农业银行、中国工商银行、中国银行和交通银行五家银行成立了建信、农银、工银、中银、交银金融资产投资有限公司。

"N"是指在上述范围之外，但实质从事不良资产处置的机构和外资系资产管理公司。随着我国各金融子行业业务规模的不断提升，不良资产的规模也在逐年上升，尤其是在经济整体放缓的阶段，不良资产的处置更是金融行业不可缺少的环节之一，很多机构虽非持牌机构，但在不良资产市场上也颇为活跃。

因此，从整体来看，我国的不良资产管理行业已经初步形成了"5+2+银行系资产管理公司 +N"的多元化格局。

3. AMC 的主营业务有哪些

AMC 的核心业务毫无疑问就是不良资产的收购、管理和处置。不良资产的管理流程可以分为以下两大步骤。

第一步，AMC 从银行、非银机构和企业那里获取不良资产。

不良资产的获取方式主要有三种：自主收购、委托收购和合作收购。

顾名思义，自主收购就是 AMC 从机构那里直接自主获取不良资产，风险 100% 自己承担，在这种模式下风险和收益都相对较大；委托收购是指 AMC 利用牌照优势，接受委托方的委托，承担通道角色，从金融机构那里收购不良资产后将不良资产或收益权转让给委托方，AMC 几乎不承担风险，仅赚取管理费率；合作收购是指两家或多家 AMC 共同出资收购资产，在合作收购中也经常采用结构化的安排，风险和收益由合作的几方共同承担。

第二步，在收购不良资产后，AMC 需要处置不良资产，从而获取收益。不良资产的处置方式主要有三种：收购经营、收购重组和债转股。

收购经营是指 AMC 通过诉讼追偿、催收、债权转让、抵押物出售、破产清算等方式实现不良资产的清收，处置可以是自行处置，也可以是委托清收。

收购重组又分为债权类和股权类重组。债权类重组不改变债权属性，主要通过重新安排还款方式等手段实现重组与债务人的债务关系；股权类重组主要针对盈利长期前景较好但短期出现困难的项目，通过股权入资缓解流动性困难以取得长期的收益回报，这种模式的退出时间普遍较长。

债转股是指通过把原来金融机构与企业间的债权和债务关系转变为 AMC 与企业间的股权和产权关系，之后通过改善企业的经营情况并通过资产重组、上市或转让实现其股权的退出。债转股也是近年来较为流行的不良资产处置方式之一。

除了不良资产业务，其实不少 AMC 还经营着规模体量不小的非不良资产业务，包括类信贷业务、通道业务、投资和资产管理业务。类信贷业务主要是投放给企业的贷款，因为 AMC 对收益率的要求较高，所以，有一大部分资金流向房地产，在地产行业兴盛时期这类业务收益颇丰，但当地产业务进入下行通道后，此类业务的风险也逐步被暴露出来，随着监管要求 AMC 回归本源、专注主业，这类业务自 2019 年开始也在逐步被压降。通道业务主要是协助银行等金融机构实现出表，在监管趋严后这类业务也基本被清退。AMC 一般通过股权直投、定向增发等方式开展投资和资产管理业务。

4. 华融为什么会出问题

AMC 中最"出名"的当属华融资产，2020 年华融资产业绩亏损 1 029 亿元，以处置不良资产为主业的企业，自己却变成了中国最大的不良资产之一，之后国家牵线引入中信集团进行兼并重组。华融出问题的主要原因有以下几点：一是激进经营扩张策略造成了很多收购的资产无法回收，这其中不乏很多高价收购的资产包。二是除了不良资产经营带来的亏损，其非不良资产业务也给华融造成了亏损，主要是华融给企业进行融资的类信贷业务，比如华融借钱给房企，但很多房企受政策影响还不了钱，就变成了坏账。从行业来看，华融的不良债权主要集中在房地产行业、海外板块和创投板块，尤其是华融投资的很多房地产资产和海外资产都损失巨大。三是华融资产的子公司也暴露了很多风险，比如华融信托、华融金租、湘江银行等。我在下一个问题的回答中也会教各位读者怎么对 AMC 进行分析评估。

5. 怎样评估一家资产管理公司的好坏

可以从以下几点评估一家资产管理公司的资质。

（1）股东背景和外部支持：主要看大股东是国有企业还是民营企业、是否持有牌照、对其业务的政策支持力度等。五大全国性 AMC 的股东背景肯定是最强的，但是只看股东背景也是不够的，比如华融资产就出现了问题，导致重组。对于地方 AMC，还要评估这家公司在当地的排名和资产规模。

（2）宏观经济和区域禀赋：AMC 的资产回收情况受经济周期影响较大。对于地方 AMC 来说，它们主要聚焦当地业务，所以，当地的经济和财政情况、当地金融机构的不良率都会影响地方 AMC 的经营状况。

（3）主营业务评估：可以通过不良资产的收购折扣率、资产回收率和现金回收率、金融机构 / 非金融机构业务占比等指标来评估一家 AMC 的不良资产业务经营情况。

（4）负债管理能力：AMC 都是高杠杆经营的公司，因此，其负债管理能力也尤为重要。可以定量评估其资产负债率、短期债务 / 长期债务比例、货币资金 / 短期债务、资本充足率、一级和核心资本充足率、融资成本等指标，也可以定性看 AMC 的外部融资渠道是否畅通，以此来评估它的负债管理能力。

（5）盈利能力和现金流：与评估任何一家企业类似，也需要评估 AMC 的盈利能力和现金流情况。

6. 有什么求职和职业发展建议

如果你立志从事不良资产收购和处置相关业务，那么去 AMC 将是最好的选择。如果你更想做的是投资或融资类业务，那么建议你优先考虑其他金融机构或 AMC 下属具有相关牌照的子公司。因为从监管的趋势来看，回归不良资产主业是大势所趋，在资产管理公司里做非不良资产业务的部门就属于边缘化部门了。

从职位选择来看，对于 AMC 来说，管理负债端也就是资金管理岗位是其核心岗位之一，而且可以接触到很多主流金融机构。

从职业发展的稳定性角度来讲，五大全国性 AMC 成立之初的定位就决定了其风格，五大 AMC 的高管也都是由银保监会掌控的，因此，求稳的话，建议优先考虑五大 AMC。

如果你想去地方 AMC，那么建议你去经济发达省份、在本区域排名第一的地方 AMC 的核心部门。至于非持牌机构的 AMC，要具体情况、具体分析。

6.4　其他金融机构

在本章的最后一节里将针对前几节中没讲到的金融机构给出一些实际建议。

1. 融资租赁行业

融资租赁行业在金融行业中是仅次于银行、保险、证券、基金的子行业，截至 2022 年年底，我国有超过 1.2 万家融资租赁公司。

（1）融资租赁行业的分类

融资租赁公司可以分为金租公司和商租公司。金租公司持有金融牌照，受银保监会《金融租赁公司管理办法》监管，相比商租公司准入门槛和监管要求更高，融资渠道更为多元化（可以做同业拆借，发同业借款）。按照股东背景来分，金租公司分为银行系金租公司和非银行系金租公司，截至目前，约有 70 家金租公司，银行系金租公司得到母行的支持力度较大，不良率也普遍更低。

商租公司又可以分为内资和外资融资租赁公司，其中外资融资租赁公司数量众多，因为其成立时间较早、准入门槛较低。在 2018 年 5 月之前，融资租赁公司由商务部管理；在 2018 年 5 月以后，商务部将融资租赁、商业保理及典当行三类类金融机构的业务经营和监管职责统一划给银保监会，融资租赁公司也相比之前受到了更为严格的监管。

按照股东类别来分，融资租赁公司又可以分为厂商系、平台系和独立第三方。

（2）主营业务

融资租赁行业跟其他很多金融子行业一样，也属于强周期行业。在经济周期向上时，快速增长的固定资产投资规模为融资租赁行业提供了良好的发展基础；在经济周期下行时，融资租赁行业的发展受到影响，我国融资租赁行业大概从 2019 年开始规模增长明显放缓。

融资租赁最主要的两种模式是直租和回租。直租指出租人根据承租人对出卖人及租赁物的选择向出卖人购买租赁物，提供给承租人使用，承租人支付租金，租赁物一般为新设备；回租指出租人从承租人处买入租赁物，再返租给承租人并收取租金，相关租赁物既可能是新设备，也可能是二手设备。

在回租模式中出卖人和承租人为同一主体，而在直租模式中出卖人与承租人为不同主体。不管是直租模式还是回租模式，融资租赁公司一方面通过出租租赁物获取资产收益，另一方面通过负债获得资金，所以，融资租赁公司也是高杠杆运营的机构，资产获取能力和负债管理能力是其核心竞争能力。

融资租赁公司的融资渠道包括权益融资和债权融资。其中，权益融资通过上市再融资、引入战略投资者等方式完成，占比较小；融资租赁公司的日常运营主要依靠债权融资，包括银行贷款、发行债券和发行资产支持证券产品等。

（3）求职和职业发展建议

① 随着宏观经济增速放缓，融资租赁行业野蛮生长的时期已经过去，预计未来行业集中度会呈现上升态势，因此，建议优先选择行业龙头企业。金租公司相比商租公司的融资渠道更为畅通，建议优先选择银行系金租公司。对于股东背景不清晰的外资融资租赁公司，在选择前要做好尽调工作。

② 融资租赁业务具体从资产类型来看，又可分为汽车、小微企业、基础设施、医疗服务租赁等几个大的类别，建议选择有布局和规模优势的事业部板块。

③ 资金部是融资租赁公司内部比较重要的部门之一，有兴趣去融资租赁公司的朋友也可以重点考虑做融资类工作。

2. PE / VC

在第 5 章中介绍了二级私募基金，除了二级私募基金，私募基金还包括一级私募股权和创投基金，截至 2021 年年底，其规模大概为 13.7 万亿元。同二级私募基金一样，PE/VC 行业基金公司众多，行业也呈现集中度进一步提升的态势，尤其是近年来 PE/VC 对募资能力的要求越来越高，行业从二八分化走向一九分化，头部 PE/VC 凭借品牌优势，可以获得持续的资金支持和优质项目。

求职建议：

（1）选择有长期、稳定资金来源的 PE/VC，规模不能太小，最好管理规模在 50 亿元以上，并且参考其历史业绩和市场口碑，市场头部机构如 IDG、鼎辉、凯雷、红杉等成立时间基本上都超过 10 年。

（2）一级私募基金项目周期较长，建议选择中长期持续向好的投资领域（2022 年消费产业链不景气，PE/VC 内部很多消费行业的相关人员都遭遇了业绩"滑铁卢"），最好可以在整个产业链里深耕，并且公司具有细分领域的投研专家团队，方向与你的技能、兴趣吻合。

（3）了解目标 PE/VC 的跟投机制和激励机制，这也是你未来收入的主要来源之一。

3. 期货公司

期货公司在行业内的历史形象相对是比较差的，近年来，商品市场向好也给期货公司带来了更多发展机遇。期货公司主要有两块业务，一块是传统的经纪业务，另一块是资管业务。如果你有志于做商品和量化方面的投资，那么，去市场口碑较好、股东背景强大的期货公司也是一个不错的选择。

4.QFII

对 QIFF 的求职建议可以参考第 5 章。 QFII 相比私募基金而言对业绩的考核周期更长。如果海外总部对 A 股 / 港股市场较为重视，那么选择入职 QFII 的性价比还是非常高的。但是，QFII 的从业人员也需要注意因为海内外经济和政治格局变动等造成的 QFII 总部策略调整、收缩投资规模的风险。

5. 消费金融公司

截至 2022 年年底，我国已有 30 家持牌消费金融公司获准开业。在过去近 10 年的时间里，消费信贷行业快速增长，但自 2020 年以来增速呈放缓态势。截至 2020 年年底，消费金融公司的资产总额超过 5 000 亿元，并成为银行信用卡的重要补充部分。

消费金融公司的客户相比银行信用卡客户有所下沉，年轻人占比较高，与银行信用卡业务实现了差异化竞争。

自 2020 年以来，消费金融行业政策频出，监管的主要目的在于规范行业发展，避免出现系统性风险，对消费者权益进行保护，针对联合贷、助贷等商业模式进行更严格的监管，所以，一些小贷公司逐步退出历史舞台，比如，花呗和借呗原来的运营主体重庆蚂蚁小贷已经被新的持牌机构重庆蚂蚁消费金融有限公司取代，预计未来无法完成整改要求或被限制跨区域经营的部分小贷公司将会让出更多份额给消费金融公司这些持牌机构。

消费金融公司的获客渠道主要有三类：线下投放、线上自主投放和线上第三方引流。线下投放成本较高，而且疫情原因给展业带来困难，所以，头部消费金融公司近年来线上自主投放和第三方引流的重要性不断提高，有消费场景的获客渠道也要好于纯信用模式。

在融资端，消费金融公司的融资渠道主要包括同业借款、发行债券、银行贷款、资产支持证券等模式，头部消费金融公司在银行资产荒的大背景下融资成本较低，可以获得较高的净息差。

6.5 实操问题解答

星友 1 提问：

老师您好，类似于人寿（海外）这样的公司在已经有资管公司的情况下还设立本部的投资部门是出于什么考量呢？二者之间的区别在于是否吸纳第三方资金，还是有其他业务上的差异呢？这样的情况在中国内地险资里是否常见？

答：

你的问题有两个层面：

一是保险集团本部和旗下资管公司都设立了投资部，这种情况在内地险资里很常见，具体有历史原因、监管原因等。

二是保险集团本部、旗下资管公司之外的合资资管公司存在的合理性。由于业务开拓的复杂性、参与各方利益的混合，这种情况也是不少见的，普遍原因还是双方借力，比如香港合资公司平台，一般是内资保险公司借助外资平台的募资能力和市场网络进行布局的。中国内地常见的情况是保险资金想借助专业领域有所建树的机构进入某个领域，如保险资金和普洛斯合作的基金等，或者中小型机构抱团增强实力，如合源资本。当然，由于内地监管对资管牌照的管理趋严，这种合作更多以基金而不是以资管公司的形式存在。合资资管公司的发展一般比较中庸，因为保险集团 / 资管的决策流程非常烦冗，1+1 往往小于 2。

星友 2 提问：

老师您好，我想简单咨询一下信托投资。我对它的认知就是起投门槛略高，平均收益率基本会比债券、基金的平均收益率高，对吗？假如我有 1 000 万元闲置资金，追求低风险下尽可能的高回报（尽量零回撤），投资信托是比购买债券基金更好的投资吗？信托的风险性体现在哪里？有可能像基金、股票一样损失本金吗？还是说只是有可能晚几年承兑本金和收益呢？

答：

（1）你的认知是有偏差的：信托的投资门槛比债券、基金的投资门槛高，因为信托是私募产品，需要满足合格投资者标准，一般起投金额是 100 万元或 300 万元，但其平均收益率并不一定高于债券、基金的平均收益率，这取决于你买的具体产品，比如，你买的是房地产信托非标，违约了可能血本无归；你买的是信托投债的产品，如果踩雷看错了方向，那么平均收益率也不一定比债券、基金的平均收益率高。

（2）我觉得你对信托的了解还不是很多，如果你有 1 000 万元闲置资金，则建议你分散配置。如果你有看中的具体产品，那么我可以给你一些建议，但仅仅是建议，投资有风险，最终还需要你自主决策。

（3）最后提醒你一点，在资管新规颁布后，任何产品都有可能损失本金，信托也不例外，如果有人承诺你保本金和收益，千万不要相信他。

星友 3 提问：

老师您好，请问您对融资租赁行业有没有一些了解，比如工作强度和薪资待遇相比于其他市场化金融机构大概是什么水平？如果想了解这些信息，有没有什么公开的资料或者渠道？

答：

从整体来说，融资租赁公司有点儿像信托，也会给企业做一些融资类的业务。融资租赁公司又分为金租公司和商租公司，金租公司可以发同业借款，融资渠道更为畅通，一般也会背靠银行系的股东，所以，你可以重点考察一下你想去的融资租赁公司的股东背景、不良率、具体岗位。

从金融机构整体来讲，我觉得融资租赁公司的发展前景不如券商、基金、银行等行业，但它也属于正规的金融机构。

星友 4 提问：

老师您好，向您请教一个职业选择的问题。我本科学的是保险专业，硕士学的是金融专业，我一直在思考如何将自己保险加金融的背景优势发挥好，在求职中形成自己的独特竞争力。我的实习集中在二级固收和宏观，以后主要想做二级投资，我有几个想法：

（1）努力找和二级固收相关的岗位，不管是银行、基金、券商还是保险资管。

（2）能和保险的经历挂上钩。如果在公募基金里面做社保管理和企业年金管理的方向，未来是不是可以发展成这类托管账户的综合管理人呢？

（3）直接去保险机构，尽量往投资领域靠。我一直觉得与养老相关的投资一定会有好的前景。

答：

关于养老保险领域的发展，整个行业都有共识。目前中国养老有三大支柱：基本养老（在社保基金下）、企业年金和个人商业养老。根据人社部的最新数据，截至 2020 年三季度末，全国企业年金累积基金总规模突破 2 万亿元至 2.09 万亿元，这个规模虽然无法与头部保险资金相比（头部保险资管单家 AUM 都在 2 万亿～ 3 万亿元），但是这个领域的增长潜力还是得到行业广泛认可的。

企业年金的管理有四个角色，包括托管人、账户管理人、受托管理人和投管人，其中投管人主要决定年金的投资决策和资管配置。结合你的背景，我建议你如果有时间可以考精算方面的证书或熟悉相关知识。实际上，投资和保险业务的衔接点主要是会计和精算，鉴于险资特殊的监管要求和负债驱动的本质，决定是否投资某大类资产，除了资产本身的表现，也要考虑这类资产在保险公司资产负债表（会计）上的分类和对负债端的贡献（精算的投资收益率假设）。如果能结合精算的知识，那么作为险资投资从业人员的优势还是非常突出的。

（1）结合你的实习背景，在这些机构里找到二级固收的职位应该不难，在优先级上大概是基金优于头部保险资管。

（2）关于年金四个具体各角色的评判，可以参考我后面发的公开数据报告，这个方向其实和（1）中的基金是一致的，基金公司对年金来讲是投管人，但是基金公司的投资策略都是统一制定的，只是具体管理的账户不同。

（3）这里我理解你说的是保险公司集团而不是保险资管。由于银保监会近期对保险业务和投资业务分业经营的监管趋严，未来养老险公司应该不会再获发资管牌照，而是专注于保险业务。因此，未来养老险公司（除了长江养老比较特殊）大部分会和目前的寿险、财产险公司一样，其投资部门（一般叫投资中心）只有配置岗位，不会配备齐全的投研团队，而将实质的投资委托给外部专业机构（保险资管、基金、券商等）。险资的岗位配置更偏中台，不会实际管理账户，但是对宏观和大类资产整体把握更多，虽然薪酬不如专业机构市场化，但是从年轻人学习的角度也是一个不错的入行机会。当然，保险公司比较麻烦的一个地方就是要拿出 30% ～ 40% 的精力应对监管检查，所以，流程和事务性的工作也会较多。

第 7 章

入行和转行

在前面的章节中详细介绍了金融行业券商、银行、基金、保险、信托等主要细分领域，也聊了分析师、投资经理、交易员、项目经理、销售、中后台等主流职位，想必看完这些内容后你对个人的求职方向和职业发展路径应该有了一个大致的判断和了解，接下来将进入实操环节：入行和转行。

7.1　简历关：怎样写出一份优秀的个人简历

简历是求职的第一步，通过简历也会给应聘企业留下第一印象。

我在金融行业里工作多年，也作为面试官看过很多份简历，我认为一份优秀的个人简历应该至少包含以下内容：个人基本信息、工作／实习经历、教育背景和专业技能。此外，在每一部分，针对金融行业，你需要突出自己的特点。下面介绍一些简历撰写原则，使你的简历在众多金融求职者中脱颖而出。

1.个人简历撰写原则

（1）工作／实习经历

简历中的工作经历对社招人士来说是着重了解的部分，对应届毕业生来说，相关的实习经历也是证明自己的直接途径。

在写工作／实习经历时，首先，建议你仔细读几遍招聘信息，尤其是岗位说明书，也可以向内部人士打听一下这份工作的具体内容，你需要突出跟应聘职位相关的工作／实习／实践经验，让面试官认为你的能力和这个职位是非常匹配的。

比如你是一名应届毕业生，想应聘券商行业研究员的岗位，你之前有过券商研究所、银行、实体企业、四大会计师事务所四份实习经历，那你应该把重点放在券商研究所的实习经历描述上，详细阐述你写过多少篇行业和公司报告，跟踪过几家上市公司，做过哪些数据分析工作，可以熟练使用 Wind 等软件。而其他三份实习经历则可以简单带过，工作内容只写跟行业研究员岗位相关的部分即可。

其次，少用夸张的形容词渲染过往经历，而多用翔实的数据去佐证个人能力。不能用数据量化的部分就写得尽量具体一些，把工作步骤细化并写清楚最终结果，比如我做成过什么项目、我能解决什么问题等，从而展示你的个人闪光点。

（2）教育背景

在简历中要写明毕业院校、专业、GPA（Grade Point Average，平均学分绩点）和奖学金情况。如果你是应届毕业生并且实习经验不多，则可以在简历里写一些你参加过的相关课程、培训经历、助教经历。

如果你的综合 GPA 一般但是专业课程 GPA 比较高，则可以在简历里标注专业课程 GPA 分数。如果你所在的学校拿到高 GPA 比较难，则也可以在简历里标注你在年级中排名前百分之多少（比如前10%）。

（3）专业技能

需要在简历中突出与应聘岗位相匹配的专业技能，可以写的包括相关证书、英语、计算机和编程能力等。比如通过 CPA、CFA、证券从业资格或司法考试，熟练使用 Wind 或 Bloomberg（彭博），会使用 Matlab、Python 在金融行业的一些领域里都是加分项。

2.个人简历撰写技巧

除了以上个人简历撰写的基本原则，再提几点个人简历撰写技巧方面的建议。

（1）选用简洁的简历模板

金融行业里的大多数岗位还是希望应聘人员靠谱稳重，花哨的简历模板会给面试官留下不够踏实的印象，也不能让面试官迅速地找出他所需要的关键信息。

（2）注重细节

在个人简历中不要出现错别字或标点符号及语句错误，同时需要注意排版。这些细节问题看起来虽小，但是很多面试官会很介意，因为细节问题从侧面反映了应聘者的工作态度。在实际筛选简历的过程中，有错别字的简历还真不在少数，所以，建议在发送简历前再仔细检查一遍，避免出现低级错误。

（3）简历中不要有明显夸大其词的成分，但要尽量突出真实的优点和特长

根据工作年限和过往职务，面试官基本上可以推断出你实际的工作情况。如果你在简历中过分夸大自己的贡献却在面试过程中露出马脚，那么面试官对你的个人可信度会大打折扣。

撰写出的简历要真实可信，但不代表不能适度美化或扬长避短，简历中的工作／实习经历可以突出与应聘职位相关的项目经历，可以使专业术语但不要写得过于生涩，要强调业绩和结果。那些不熟悉的项目经历、过短的实习经历可以选择不写在简历上。

（4）同时准备 Word 和 PDF 版本的简历

Word 简历在计算机或手机上打开可能会出现排版问题，所以，建议同时发送 Word 和 PDF 版本的简历以方便查阅。

7.2 面试关：从面试官角度讲金融行业面试经验

准备好简历，下一步就进入准备面试环节。网络上的各种面试技巧文章有很多，但是以金融行业面试官视角写的面试经验并不多，所以，我会具体讲讲以往我作为面试官面试时的一些感受。

我知道很多朋友面试完经常会有各种疑惑，比如我这次面试明明表现得非常完美，为什么还是被淘汰了？为什么下一次同等水平公司的面试有一些问题回答得并不好却通过面试了？其实这就涉及面试的核心目的：面试是为了帮助用人部门找到最合适的人。每家公司、每个部门、每位老板招人的偏好各不相同，包括面试官对实习生、不同职级员工的要求也是不一样的，这也造成了同一个人面试结果的差异。所以，在面试前、面试中和面试后做好准备工作是必不可少的，要记住你面对的面试官是人，而不是死板的机器，面试的关键是要获得面试官的认可。

1. 面试前的准备

（1）一定要对自己的简历了如指掌，做到简历里提到的每个细节都可以对答如流

有人可能会问，自己的简历难道自己还会不熟悉吗？我当面试官时真的发现十个人里面差不多有三四个人都不熟悉自己的简历。比如有人在简历里写在某段实习经历里跟其他人一起研究了某个课题，但是当我问到课题具体是做的什么、得出了什么结论的时候，他却支支吾吾回答不上来。所以，看到这里的朋友，建议你再仔细阅读一遍自己的简历，对记忆有些模糊的经历进行回顾和补全。

（2）提前准备好正装

我觉得大概有1/10的面试者会忽视着装细节。虽然等你正式入职后很

多金融机构对着装的要求并不严格，但在面试的时候我强烈建议着正装，把自己收拾得干净利落再去面试。

面试时着装得体也代表了你对面试官的尊重，有些面试官会因为应聘人员没穿正装就直接将其淘汰。

（3）提前 10 ～ 15 分钟到达面试现场

大城市很多地方交通拥堵，但如果让面试官等你，哪怕只有几分钟，都可能会给他留下不好的印象，被淘汰的概率也会大大增加。

（4）了解你所面试的公司和部门

在面试过程中，我发现很多应聘人员并不是很了解其所面试的公司和部门。虽然面试官明知应聘人员都是在广撒网找机会，但如果你表现出对一家公司足够了解，展现出足够的诚意，那么肯定是一个加分项。

可以通过很多途径获取公司信息，包括公司官方网站、公众号、求职论坛、研究报告、年报和公告（适用于上市公司）、行业网站、企查查、找朋友了解等，很多求职者会在我的知识星球里询问相关公司和职位的情况。

面试要做到知己知彼，才能百战百胜。对应聘公司做尽调也可以避开一些潜在的"坑"，比如某某证券最近刚被吊销了一年资管业务资格，那么在短期内你肯定要规避这家公司的资管部门职位。

（5）了解你所面试的职位

工作对口的社招人员一般来说对应聘职位应该比较熟悉，但对应届毕业生和转行的应聘人员来说就需要在面试前做好功课。

（6）了解你的面试官

如果有可能，尤其是在社招的时候，了解面试官（很有可能是你未来的直接领导）十分重要。你可以查查他的履历，看看他写过的文章和观点，从侧面打听一下他工作和面试的风格等。

（7）准备面试问题

可以把面试问题分为以下几大类别：

① 技术问题（Technical Question）。

② 行为问题（Behavior Question，包括个人介绍和压力面试）。

③ 小组讨论和案例面试（Case Interview，应届毕业生遇到得比较多）。

④ 简历相关问题。

⑤ 公司和职位相关问题（比如每次面试都需要准备的"你有什么问题要问面试官"等）。

⑥ 英文问题（单列出来说是因为有的公司可能会有一轮英文面试或问你一两个英文问题，如果没有提前准备，很多人现场说会说得磕磕巴巴）。

（8）面试前复盘和回顾

可以将之前面试过程中的重点面试问题收集汇总，吸取经验教训，扬长避短。

最后就是要以自信、真诚的态度面对面试官。

2. 面试中的经验

（1）实习生面试

实习生面试相比校招和社招面试更"容易"。我在券商研究所里工作的时候一般会找之前做过的实习生小范围发布实习生招聘信息，这也意味着实习生面试的竞争对手会远少于校招和社招，你有更大的概率可以拿到Offer，但是请你依然要像对待全职工作招聘一样认真准备实习生面试。

这里也透露一个面试官考虑合适实习生人员的"规则"：在找实习生时，面试官不一定会选择表现最优秀的候选人，而会选择他认为最合适的人选。所以，应聘人员的求职态度很关键，面试官宁愿选择一个背景稍弱但表达强烈长期稳定实习意愿的人，而不是一个背景优秀但每段实习做得都不长的人。

如果你完全没有相关实习经验，在面试中怎么回答呢？接着上面的思路，首先可以强调你的实习意愿，比如可以完全满足到岗时间，有充足的时间可以长期实习；其次可以强调你有一些相关的其他经验，比如在面试券商研究所实习生时可以说学校的课程中有搭建估值模型的作业，并对某家公司进行了完整的财务分析等。

如果你没有金融相关学历背景，在面试中怎样应对呢？思路跟前文也是一致的：在面试中可以突出你的相关经验，比如修过双学位、学过相关金融经济类辅修课程、考 CPA/CFA 的经历、参加过学校组织的相关活动等，也可以强调自己有较强的学习能力。

最后提醒一句，实习最重要的是积攒实习经验，建议不要在面试时问实习工资问题，也不要急于打听正式留用机会，否则会给面试官留下不好的印象。

（2）校招面试

校园招聘通常分为几轮流程：笔试、群面、初面和终面，有些机构可能会有更多轮的面试，还有些金融机构会要求先实习再进行考核评定最后给 Offer。

下面来讲讲校招面试环节我从面试官角度的一些经验。

1）如何在群面中不被淘汰

面试官在群面中的选人思路倾向于团队协作能力突出的面试者，因此，在群面中最好可以表现出优秀的团队合作能力，回答简洁有力，表现个人工作热情和专业素养，而避免长篇大论，因为群面留给每个人的时间是有限的，回答精练体现了你的时间把控能力。

2）针对不同阶段面试，灵活调整策略

如果你的面试官是 HR，那么他通常会站在公司全局角度评估你的匹配程度，面试问题以行为面试、个人经历类问题为主，不会涉及太多专业类问题提问。

业务部门面试可能会涉及较多的技术类问题，在面试中也可以重点表达对部门和职位的渴望。如果你有机会提前知道业务部门的面试官是谁，则可以先了解一下他的工作和学历背景。比如，你知道他喜欢财务功底比较扎实的人，在介绍自己的优点时可以多说几句财务方面的经历。

终面大概率是面对公司分管领导或公司一把手，公司领导更看重应聘人员的整体素质、与企业文化是否契合，在面试中可以重点突出你对公司的了解与认可。

（3）社招面试

相比校招，社招的面试环节和问题更因人而异。下面是社招面试的一些建议。

1）可以带上证明你工作成就的佐证资料，比如面试券商行研岗位，如果你写过行业／公司深度报告，则可以带上给面试官看看。

2）在面试时，介绍自己要突出之前的工作经验和应聘岗位的相关性。

3）对于社招面试，一般都会问到"为什么想跳槽"这个问题，建议不要说上家公司的坏话，给予合情合理的解释即可。

4）回答转行问题，可以多阐述你为了转行所做出的一系列准备工作，你之前的工作经验和资源有哪些可以用于应聘的岗位。

5）目前薪酬水平也是几乎每次社招面试都会被问到的问题。建议如实回答当前薪资情况，因为很有可能公司会在入职前让你提供近一年的银行流水或收入证明，如果对不上就会被怀疑诚信问题。但是，在回答薪酬水平时的一个小技巧是可以把你上家公司的不计入薪资的福利部分也算进去。

6）可以尝试跟面试官套近乎。如果你已经在行业内深耕多年，则可以和面试官聊聊你们共同认识的人，或者你应聘的公司里是否有熟识的前同事可以为你间接背书，聊聊面试官可能感兴趣的一些行业和公司的深度见解、一手消息，这些都有助于拉近你和面试官的距离。

需要注意的是，这类进阶型技巧需要根据双方性格、面试气氛、你和面试官的契合度灵活发挥。如果你不是很有把握，建议在面试中做到中规中矩即可。

（4）遇到压力面试怎么办

面试官可能会在面试中提出很多刁钻的问题，比如：你可以接受经常出差吗？你可以承受高强度的工作吗？你是海归，了解国内证券市场吗？

遇到这种情况时我们要牢记：压力面试是在考验你的心理素质和随机应变能力，最重要的是沉着应对，不卑不亢，展现自信，不要被吓到而乱了方寸，就像打得州扑克一样，把压力面试看作面试官在虚张声势。如果你的简历和个人经历的确存在一些缺陷，则也要提前想好怎么解释自己的弱点。

（5）外资机构面试

之所以把外资机构面试单独拎出来说，是因为大多数外资机构会有英文面试。对于英文面试，由于我们毕竟不是经常使用，所以，充分地提前准备英文面试是必需的。

外资机构英文面试的注意事项如下：

首先，建议在面试前查漏补缺应聘职位中会经常用到的相关专业类英语词汇，比如 P/E ratio、corporate structure、A-share listed、underperform、market consensus、inflation 等，当然还有你应聘公司的英文全称。

其次，准备英文答案模板，可以分为技术问题（Technical Question）、行为问题（Behavior Question）和个人经历（Personal Experience）三大类别去准备。

最后，在面试前花几分钟查一下主要市场指数并准备一段对市场的看法。分享我当年面试时一个记忆犹新的教训：我面试一家外资投行在香港的宏观分析师岗位，面试官冷不丁地问我日经指数（Nikkei Stock Average）是多少，结果我就被问住了。

3. 重点面试问题

（1）自我介绍

自我介绍几乎是所有面试环节中必问的问题。建议介绍自己的时候不要直接照搬简历里的内容，面试官手上拿着你的简历，如果你只是复读一遍简历，就很难脱颖而出了。

对于面试官来说，面试的核心是为用人部门找到最合适的人，所以，你在短短几分钟的自我介绍中应该把重点放在你为什么是最适合招聘岗位的那个人，强调你和应聘岗位相关的优点和经验，最后表达你想加入公司／部门的诚意。

比如，你想应聘债券交易员岗位，在做自我介绍时可以突出以下优势：

1）你是一个很仔细的人，做交易员需要很认真、不出错。

2）你是一个善于沟通的人，因为债券交易员的一项重要技能就是借钱出券，得有自己的银行间"圈子"。

3）你的基本功扎实。这就不用多说了，做交易员不仅需要了解国内外宏观经济，还要了解你要交易的债券的基本情况。

需要注意的是，自我介绍的时间建议控制在 3 分钟左右。

（2）职业规划

职业规划也是面试中被问得非常多的问题，尤其是应届毕业生面试。

对于用人部门来说，没有人希望你只是把这份工作当作一个短暂停留的跳板。如果你对自己的职业规划并没有一个清晰的认识，或者面试官在面试时发现你的职业规划跟你应聘岗位的发展路数不符，其实不让你来对双方来说都是一件好事。

继续举例来说明，如果你想应聘买方研究员，你的职业规划是工作几年再去竞聘投资经理助理或基金经理助理，这就是比较合理的；但如果你去应聘财务岗位，却说未来职业规划是想去做投资经理，那么面试官肯定要掂量一下你这个人选是否合适了。

另外，需要注意的是，在回答此类问题时也不要不切实际、眼高手低，比如直接说 2 ～ 3 年后就要成为行业专家，也会给面试官留下为人浮躁的直观印象。

（3）缺点

个人缺点，问题好回答也不好回答。

首先，可以肯定的是，你所说的缺点不能是这份工作需要你具备的基本素质，比如你去应聘交易员但你说自己很粗心，你去应聘销售岗位但你说自己不擅长跟人打交道。

其次，这个问题好回答在于面试官明知你不会说出自己真正最大的缺点，只要回答得体，对工作无伤大雅即可。

（4）目前的求职状态和手头 Offer

回答这个问题需要注意的有两点：

一是面试官如果发现你应聘的其他公司或岗位跟你这次应聘的岗位相差极大，则会对你真实的职业规划产生怀疑。

二是如果你很看重这个职位，你的个人背景也很优秀，在说出已经拿到几个 Offer 的同时也可以再次强调你的第一选择是目前面试的这家公司。

（5）"你还有什么问题要问我？"

一般面试官在面试的最后都会问一句："你还有什么问题要问我？"如果你的面试官是用人部门的人，那么这个问题是展示你匹配应聘岗位的最后机会，甚至回答得好会在一定程度上改变面试官的决定。

（6）行业研究员面试实战案例

我在本节中总结归纳了一些我当面试官时会问到的共性问题。

在这里我要声明一下，每家券商、每位面试官的面试风格都不尽相同，这里写出来的只是你可能会被问到的一小部分问题，而且的确有些面试官就喜欢问偏门问题，如果你完全不知道答案，那么我建议你实话实说。我好几次听应聘人员强行编凑答案，回答得驴唇不对马嘴还浪费时间，不如诚实地说自己不了解，这样可以尽快进入下一个问题。

此外，我不会给出问题的标准答案。如果所有看过这本书的读者在之后的面试中回答得一模一样，那么面试结果可想而知。而且这些问题只要自己花一些功夫准备，都可以找到答案。

1）财务分析类

① 公司的三张财务报表反映了什么？哪张报表最重要？

② 怎样对一家公司进行财务分析？

③ 评估一家公司的负债情况都有哪些指标可以参考？

④ 介绍一下杜邦分析法。

2）行业和公司研究类

① 阐述汇率 / 利率 / 物价上涨对 ×× 行业的影响和会带来什么投资机会。

② 在研究 ×× 行业时你会考虑哪些因素？

③ 分析一只你看好的股票 / 分析你最看好的公司。

④ 常用的估值方法有哪些？什么是现金流折现法？

⑤ 股票 / 期权的价格是由什么决定的？

3）宏观 / 时政 / 其他

① 分析一下当前的中国经济。

② GDP 和 GNP 的区别在哪里？

③ 分析一下 ×× 热点问题。

④ 目前主要市场指数在什么水平？

⑤ 看过 / 喜欢哪些经济 / 金融相关书籍？

（7）宏观 / 固收研究员面试实战案例

归纳了如下常见问题。

宏观数据：CPI（包括构成）/PPI/GDP/M_0/M_1/M_2/ 财政收入和支出 /

固定资产投资增速／工业增加值／PMI／无风险利率等这些指标的意义。

债券市场相关：SHIBOR／R001（R007）／10 年期国债收益率／3 年期 AA+ 中票收益率等当前水平。

解释一下 MLF/PSL/ 央行逆回购／久期／信用利差／FICC。

我国当前的货币和财政政策是什么？怎么判断下一阶段 × 国货币政策走势？

对未来利率、汇率的看法是什么？

股票和债券的区别是什么？国内债券的品种有哪些？

热点问题：对当前中国（或 × 国）的经济形势怎么看？怎么看金融机构去杠杆？ MPA 考核是什么？

宏观研究员面试也会问到一些经典的经济学理论，比如三元悖论等，以及一些计量经济学的知识。

固收研究员面试也会问到一些公司财务问题，比如违约企业的财务数据特征、怎么分析一家企业的财务状况。

4. 面试结束后需要做的事

不少应聘人员会觉得面试完就结束了，甚至有些应聘人员已经忘了之前面试或投递简历的事情。其实在面试结束后，还可以做一些事情进一步提高面试成功的概率。

（1）归纳总结每一次面试的重点内容。只面试一家公司就拿到理想 Offer 的概率很低，但可以通过之前的每一次面试机会吸取经验和教训，争取下次做得更好。比如面试中有一个问题没回答好，建议回家后可以做做功课，触类旁通总结这一类问题的答案。

此外，金融机构面试一般会有很多轮，可以将前一轮面试获取的信息作为切入点，更深入地了解应聘公司的风格和特点，在下一轮面试前做好更充分的准备。

（2）写感谢信。是否在面试结束后写感谢信，我认为是没有标准答案的。我建议在面试官给你留了公司邮箱或互换名片的情况下，可以写一封感谢信表达你跟面试官的交流让你受益匪浅和你对公司文化的认同。写感谢信总体而言没有什么坏处，尤其是外资机构会更重视写感谢信环节。

（3）如果你是通过内推获得的面试机会，那么在面试结束后建议你通过感谢推荐人来间接了解面试情况。

7.3　实习关：怎样最大化积攒实习经验

对于大多数人来说，在拿到全职 Offer 前，在求职过程中必不可少的关口就是实习关。当一份实习机会摆在你的面前时，充分利用实习机会，最大化积攒经验，对于成功进入金融行业可以起到很大的助力作用。

1.实习目的

下面先来讲讲实习的目的。实习是一个帮助你在正式工作前了解自己到底适不适合这份职业的绝佳机会。在校生容易陷入的一个误区是把某些职业想得过于高端，眼高手低。实习给你提供了一个免费体验的机会（所以，我在我的知识星球上经常跟大家说不用在意实习工资）：如果通过实习发现这条职业路径不适合自己，可以及时止损。

2.注意事项

在实习过程中，建议不管是出于哪种目的选择了这份实习，还是要树立个人良好的口碑，比如面试时答应做满 6 个月，除非特殊原因，建议做满实习期；在组内忙碌阶段尽量不要隔三岔五地请假。你的真诚态度从长远来看会给你带来正向反馈。金融行业圈子不大，如果你表现优异，即使在这家机构里没有留用机会，也可能有机会被推荐到其他公司里。

注意：如果有机会在目标公司和岗位上实习，那么实习5～6个月是比较合适的，2～3个月对于实习生来说只能了解岗位工作的一些皮毛，指导老师也只能给你布置一些杂活。如果你可以实习5～6个月甚至更长时间，则会有更多机会接触到工作的全貌。

实习生要摆正心态。有些同学对实习抱着很大的期望，来了以后却发现每天的工作可能都是各种杂事，比如整理数据、制作图表，甚至整理名片等，便会消极怠工。

这时，心态的调整很重要，我们可以换位思考：毕竟你实习的时间很短，又不是正式员工，不可能让你承担重要工作。但是，即使工作琐碎，建议每件事情还是要用心做好。如果你完成的质量高，后面自然会派给你更有技术含量的工作。反之，如果你频繁出错，指导老师还要帮你善后，也就不敢交给你更有价值的工作了。所以，再强调一遍，实习工作肯定是和正式工作有出入的，不要因为实习工作过于简单而对某一类职位妄下结论。

3. 主动寻求指导

当你跟指导老师熟悉了以后，在日常工作表现良好的前提下，你可以主动请指导老师给你布置有针对性的专题类工作。比如你在券商研究所里实习，你可以请指导老师给你选择几个研究方向或上市公司标的，并给出一些切实有用的指导。如果你可以较为独立地完成几篇研究报告，那么对个人能力的提高还是很有帮助的。

4. 积攒经验和资源

实习也是一个不错的积攒经验的机会。有些实习生很老实，除了做好交代的工作，基本上一天下来跟指导老师、同事和领导没什么交流互动。

其实人都是讲感情的，如果你能主动一些，通过中午吃饭或者其他机会跟组内成员或其他实习生搞好关系，那么对你正式找工作也会起到助力作用。尤其是有留用机会的实习或者长期实习，你更应该在实习过程中多认识对自己有帮助的人。

7.4　Offer 关：怎样选择最适合自己的 Offer

Offer 选择应该是我这几年回答最多的问题，选择哪个 Offer 本身是见仁见智的事情，结果并无对错之分，但选择处于上升期的赛道会事半功倍，选择开始走下坡路的赛道，即使你个人很优秀，也只能事倍功半。

关于 Offer 选择，可以把握如下五大原则。

原则一：考虑职位所处的行业周期

做职业规划目光要放到 5 ～ 10 年维度，像 PE/VC 投企业股权一样选择自己的职业路径。而不要想着短期套利做波段，在职场上想短期套利的人在很多时候最后反而会被套牢。

原则二：适合自己最重要

我们经常听到一句话，听从你的内心。在选择 Offer 前，要问问自己：你对工作的期望是怎样的？你可以长期胜任这份工作吗？不要被这份职业的表面光环或者他人的期许蒙蔽双眼，你的人生只有一次，对于占据我们一生大部分时间的工作，至少要选择不讨厌的职业。

当然，如果你没有亲身实践过，那么你对职位的兴趣可能带着很大程度的主观判断，或者你只看到它光鲜的一面而忽视了辛酸的另一面。所以，我一直倡导读者有机会可以通过多个渠道亲身实践和体会，比如实习就是了解你对这份工作是否感兴趣的重要方式之一，这也是为什么我建议做一份实习工作不要有太强的功利心，而更应该通过实习了解这种类型的工作是否符合你的职业发展方向。

原则三：行业和职位的重要性通常大于公司和直属领导的重要性，但也要看 Offer 有没有明显的硬伤，木桶能盛多少水取决于最短的那块木板

在金融行业里工作多年，我最大的感触是行业和职位的选择决定了你未来的赛道，其重要性要大于公司选择的重要性。虽然行业头部机构可以带给你很多光环，但从长远来看，选择有前景的细分赛道并一直坚持做下去的人，往往在职场中可以走得更远、更踏实。比如，有一位朋友在券商那里做行业研究员时，因为跟领导不对付，也迷茫过，但是他坚持下来，通过跳槽找到了更好的位置，现在已经是业内小有名气的专家。也有一位朋友虽然入职时去的是业内鼎鼎有名的外资机构，但是他一直在比较狭窄领域的中后台岗位，无法积累资源和提高能力，后来也不得不花费更多精力寻求转行机会。

原则四：在人生的不同阶段，我们考虑因素的权重是不一样的

初入职场以及工作 3 ～ 5 年、5 ～ 10 年、10 年以上，在不同的阶段，在选择 Offer 时需要考虑因素的权重是不一样的，所以，我会根据每个人的具体情况给出有针对性的建议。

比如，对于刚毕业的学生而言，如果没有特殊原因，不建议过分看重"稳定"因素而去选择安逸的岗位，年轻人是最不怕跳槽或裁员的。

知乎上一个背景很优秀的应届毕业生在几年前问我事业单位和某头部公募基金行业研究员该怎么选，可惜他后来没有听从我的建议，求安稳去

了事业单位，但过了两年又一次在知乎上咨询我，该如何从事业单位跳槽去市场化机构。我知道很多自媒体都会渲染稳定的工作有多么重要，但是对于年轻人来说，为今后长久之计，在关键岗位上提高自己的核心竞争力才是抵抗长期风险的王道。

如果你已经工作多年，在当前领域和公司内部站稳了脚跟，那么此时"稳定性"的权重就会相比职场新人时大大提升，如果选择一个陌生的领域重新开始则需要非常慎重地去思考权衡。

原则五：事物是动态发展的，过去不代表未来

只有变化才是永恒不变的，几年前热门的岗位可能现在已经少有人问津，我们需要拿出做行业研究的精神去分析你想从事的职业：它目前处于周期的哪个阶段？可能会面临什么样的监管政策？人才供需和竞争格局是怎样的？未来面临怎样的挑战？如果你对这些问题都进行了深度剖析，想必你也有了一个较为清晰的答案，可以做出明智的选择。

Offer 评价体系：

在五大原则的指导下，可以通过以下因素评估某份 Offer 的好坏。

（1）职业发展目标。这一点的重要性不用赘述了。不过，对于应届毕业生来说，中长期的职业方向到底是什么可能也是很模糊的概念，所以，我建议还是要多问问过来人。

（2）公司情况。对公司进行评估可以参考我在第 2 章中介绍的一些要点，除此之外，企业文化和考核机制也是需要考察的重要变量。对于应届毕业生来说，建议优先考虑大公司，因为大公司的制度和培养体系相对比较完善。但就像我在原则四中所说的，在人生的不同阶段，我们考虑因素的权重是不一样的，在某些情况下，加入处于上升期的中小公司可以获得更快的成长和更高的金钱回报。

至于选择国有企业、民营企业还是外资机构，也要具体情况、具体分析。总体来说，民营企业要关注实控人潜在风险；去国有企业不要以为就能很稳定，竞争也是相当激烈的，业绩考核并不轻松，人际关系也可能更为复杂；外资机构在某些领域里还处于没有实质业务开展阶段，在入职公司前要打听清楚。

（3）直接领导和分管领导情况。跟着一个好老板直接影响着你的工作状态和身心健康。一个好的老板可以与员工顺畅沟通，可以给予员工定期的反馈，可以提出清晰、明确的要求，可以合理放权，会关心你的权益，有其中几点就已经是很好的领导了。

（4）团队成员构成。通过了解目前的团队人员构成，可以帮助你评估后续潜在的发展空间。

（5）工作强度。我们要正视自己对工作强度的承受能力。另外，像原则五中所说的，事物是动态发展的，即使打听到这个岗位目前比较清闲，不代表之后的工作强度会一直很低，所以，我们也需要了解这个岗位在市场上的平均工作强度。

（6）薪酬福利待遇。国内很多企业在谈薪酬的时候容易"画大饼"，所以，我们需要关注固定薪酬和奖金的比例，固定薪酬占比较低有可能出现奖金承诺无法兑现的情况（往往也是经常发生的事情）。另外，不建议把福利部分当作薪酬重要的组成部分，福利不会写在劳动合同上，在当前的环境下，说不定一压缩成本，福利就没了。

（7）职位。国内金融机构职位并没有一个标准的体系，机构间差异较大，比如某某券商的高级经理或助理总监可能只是初级职位。副总裁在国内券商中也普遍只是干活主力。如果职位头衔是部门负责人，则也要打听一下是一级部门还是二、三级部门。如果实在难以辨别，建议将薪酬和职级放在一起通盘考虑，如果企业跟你说职级很高但薪酬低于这个职位的平均水平，要不就是这个职位水分较大，要不就是这家公司在行业内地位堪忧。除了看目前的职位头衔，还要考虑在这个职位上的成长性和几年后是否具有市场化竞争优势。

（8）其他因素。比如上下班通勤时长、是否面临被外派或者调动的风险（这年头金融行业这类风险还挺多的，至少确定注册地和大老板都在你定居的城市里会安全很多）。

（9）其他个性化因素。比如你想选择哪座城市安定下来？对于未来有备孕打算的女生，这家公司对怀孕的女性是否比较友好？是否要严格打卡？是否允许居家办公？年假有几天？培训机会多吗？是否允许在外兼职？是否要上收护照？是否会对自己和家人炒股有限制？

7.5 转行关：怎样通过转行实现职场突破

第一份工作有可能并不是自己的理想职业，在这种情况下，在步入职场后就需要开始为转行做准备；工作几年后发现当前的工作不合适或者有更好的职业发展机会，也面临着转行的挑战；此外，行业变化日新月异，企业也可能主动或被动做出转变细分行业赛道的选择，等等。所以，对于每个人来说，在职业生涯中大概率都会遇到"转行"这件事。

1.为什么要转行

我在多年的职业生涯中颇有感触的一句话就是"风水轮流转"，你所在的领域现在不在风口，但可能过几年就变成了风口。所以，在有些情况下，频繁转行不如坚持下来，脚踏实地地把一份工作做好，从长期来看，这样做可能更有价值；但在另一些情况下，你所处的行业或正在做的职业已经无可挽回地开始走下坡路，那么及时转行将是最佳选择。

　　所以，在做转行的决定时，第一步需要思考转行是否是必要的和最佳的选择。

2. 怎么做转行前的准备

　　经过深思熟虑后，你下定决心准备转行，那么我的建议是转行宜早不宜迟，你需要行动起来了。可以做的准备包括以下几点：

　　（1）和目标领域的从业人员交流未来工作需要具备哪些技能和素质、工作内容和职业发展路径是怎样的。

　　（2）着手学习目标行业相关知识与技能，比如转行金融行业可以自学宏观经济和财务估值模型等。

　　（3）考虑转行的实现路径，准备多种方案。转行的实现路径可以是公司内部调岗、通过考研／读MBA实现转行、直接跳槽等。

　　（4）在做转行相关准备的同时做好手头工作。在一般情况下不建议裸辞，可以通过目前工作所能接触到的人积累未来转行工作的资源。

3. 转行成功后的日常

　　转行通常来说都不是一蹴而就的，即使你转行成功，也面临着适应新行业、新职位的过程，需要调整好心态去应对崭新的工作内容。

　　如果转行后又发现新的问题和新的情况，则也可以记录下来，定期复盘。我觉得好马不吃回头草并不是绝对的，转行失败并不可怕，吸取教训还可以重新再来。

4. 金融行业转行成功案例

　　下面列举几个我身边转行成功的案例。需要提醒大家的是，任何人都无法完全复制他人的成功，但可以从案例中打开思路。

　　（1）在金融体系内部的细分领域转行。四大会计师事务所可以说是金融行业转行的"培训基地",不少四大会计师事务所审计或咨询出身的成功跳槽到投行、行研、PE/VC、咨询、信托或银行理财子公司,这主要得益于四大会计师事务所工作的"万金油"属性:四大会计师事务所出身的人财务功底较为扎实,在工作中较为吃苦耐劳,综合素质得到较好锻炼,这是众多金融机构所看重的,尤其是对于应聘初级职位来说比较吃香。所以,在知识星球里有朋友问我是去四大会计师事务所还是去银行支行 / 券商分公司,我都会建议优先选择四大会计师事务所,其中一个重要的原因就是未来的出路会更多。

(2)在金融体系内还有一种常见的转行路径是中后台转前台或前台转中后台。在这里我建议除了直接跳槽实现前中后台职位的变化,也可以谋划通过公司内部转岗或集团内调动实现目的。内部转岗的优势在于对公司文化和职位体系知根知底,可以打听获取目标部门的消息,当你对新工作熟悉后再跳槽,既积攒了经验,又提高了跳槽的成功率。

(3)在金融体系内,监管机构和市场化机构的相互间跳槽也是常见的路径。

(4)如果你想从其他行业转行到金融行业,难度虽然较大,但我身边成功的案例比比皆是。主流的选择路径有两条:一条是在实业里有一定的积累,懂技术也懂市场,然后转行到资本市场一级做 PE/VC 或二级做行研,这条路径适合技术壁垒较高的行业,如医药、TMT、新能源等,如果你有机会在上市公司投资者关系部门里工作,则将有很多机会认识对口研究员,几乎每年都有上市公司投资者关系部门的人员转行到券商行研;另一条路径适合刚毕业几年的职场新人,即可以通过考研、读 MBA 等方式实现转行。

(5)转行在很多时候也要看运气,对时点的把握非常重要。当一个行业处于上升期人才供不应求时,当一家公司在砸钱扩张新业务或当新公司刚成立处于招兵买马阶段时,都是转行的绝佳时机。例如,2014—2015 年,债券市场上信用债违约发生频率变高，各家金融机构从评级机构那里挖了不少信评人员做债券研究，这对于评级机构里信评人员来说是一个转行的历史机遇。

（6）一定要提前布局，即当你发现自己所处的细分行业出现拐点信号或者开始走下坡路时就提前开始做准备，比如这几年有不少在信托公司里做非标的朋友转型做标债的承揽／承做或投资，还有转型做 FOF 或权益市场主动管理的。越早转型的朋友选择面越广，可以匹配的职位越多。如果等到行业正式进入衰退期再转型，即使你在本职工作中做得非常优秀，难度也会大大增加。

7.6　实操问题解答

星友 1 提问：

老师您好，我现在结束了一段卖方行研的实习，正在买方投研实习，对于一个行业或者公司的看法还处于"博采众长"的阶段，有了一定的输入，但是想做到有效输出目前还是比较难的，我想听听您的见解。

答：

如果你在实习阶段，那么不要急于形成自己的观点，因为仅凭短期阅读研报和参与电话会议，你的观点往往是片面的。不如把基本功打扎实，先做到对行业的特点、格局、重点公司了如指掌，做到别人提问时你可以像百科全书一样地回答就已经很厉害了。

星友 2 提问：

老师您好，请问如何认识更多的金融猎头？如何通过猎头获得更好的跳槽机会？麻烦您分享一下经验。

答：

你可以先评估一下自己目前是不是处在一个比较合适的跳槽时点。猎头行业鱼龙混杂，所以，认识猎头的数量不重要，质量比较重要，而且千万不要被猎头忽悠了。在确认第一点后，你可以通过以下途径认识猎头：

（1）猎聘网等求职网站。

（2）身边朋友介绍。

（3）如果你有一定的行业经验，那么猎头也可能主动联系你。

另外，猎头的付费模式是从企业那里收钱，这也注定了他们一般会站在企业的角度向你推荐这个职位。所以，当猎头向你推荐一个职位后，你可以先做好功课，再决定是否去面试，对薪酬也要有自己的预期，到了拿Offer 的阶段也不要仅仅相信猎头的一面之词，可以自己通过多个渠道去验证。

星友 3 提问：

老师您好，关于校招简历有几个问题想请教一下。首先，写实习经历，关于日常工作和项目该如何安排？比如在实习中做的大多是日常杂活，如何让简历看起来和有项目一样内容丰富？其次，如果求职目标和实习经历有较大差距，如何让看简历的老师不刷掉自己的简历？最后，在简历中除了实习经历，还有什么是吸引招聘老师的板块，或者说不同板块间应该如何排版、如何安排顺序？另外，应该如何安排各板块的篇幅？

答：

（1）日常工作和项目可以分两段来写。关于日常杂活，可以多用翔实的数据去佐证你的能力，如果不能用数字量化就写得尽量具体一些，把工作步骤细化，突出你这个人很靠谱，比如用很短的时间（可以用数据量化）完成了很多杂活、这些日常工作你是用 Excel 等工具熟练完成的。

（2）核心是要突出自己的优势，淡化或者少写自己的不足部分。其实校招面试官还是非常理解没有直接相关工作经验的同学的，除非这个职位特别抢手。你可以写一些和求职目标相关的内容，比如你的技能点、你在学校里的项目经历等，突出实习中的相关内容，不相关的内容尽量少写。

（3）至于排版顺序，我建议把你的优势部分或重要部分放在前面。应届毕业生一般会把教育背景放在前面，但如果你的实习经历特别突出而教育背景稍微弱一些，就可以把实习经历放在前面；反之亦然。至于篇幅，与求职目标相关的部分用重点篇幅来写。其实面试官真的不是很关心那些不相关的内容，而且会觉得你没有重点。

星友 4 提问：

老师您好，我想问几个与面试相关的问题。

（1）相比社招，面试应届毕业生你们会更关注哪些方面？

（2）校招往往需要多轮面试，不同面试官的侧重点有哪些不同，如直属领导、投资总监、公司高管等？

（3）对于校招面试的岗位，如果之前没有相同岗位的实习经历，应该如何准备？根据之前的经验，如果在面试中一直说过往的实习经历，则可能会造成"你很优秀，但不是我们要找的人"这种问题。

答：

（1）面试应届毕业生我会更看重他的潜力和学习能力，你在面试中可以强调一下自己的学习能力是很强的。

（2）这是一个好问题。一般直属领导更关心这个人好不好用、听不听话，侧重点是你的专业能力和为人处世能力。

投资总监也会有一些专业能力面试，他可能也会考虑今年整体招的应届毕业生背景会不会有重合。

公司高管面试一般就是终面了。大多数公司到高管这里就不直接做业务了，所以，他更多的是想看看你这个人跟公司的整体文化搭不搭，还有你的学历背景、言谈举止怎样。

（3）如果你没有相同岗位的实习经历，则可以说类似岗位的实习经历，要尽量多说相关的地方，同时尽量表现出你对想做这份工作所付出的努力，比如你参与了一些类似的社会实践或导师的课题，你学习了哪些课程从而具有做这份工作所需要的技能。如果你要应聘行研，那么你也可以给面试官看一下你写的行业研究／公司个股研究报告来证明自己的能力。

针对在面试中一直说过往的实习经历，可能会造成"你很优秀，但不是我们要找的人"这种问题，这就要求你在描述实习经历时要把握一个度。我当面试官时的确不大喜欢应聘人员回答一个问题时、说个不停（要记住每位面试官的面试时间是宝贵的），回答问题的关键是要有重点，突出你的实习经历与你现在准备应聘的工作相关的部分即可，不相关的就不用说了。

星友 5 提问：

老师您好，在面试中如何叙述自己写过的报告才能吸引面试官的注意？需要分行业和公司介绍，还是分长、短期催化因素叙述呢？总感觉时间有限，说不了太多，说多了就会被面试官打断。

答：

这是一个很典型的问题。你要学会换位思考,站在面试官的角度想问题。通常来说，面试官都是有多年工作经验的人，在这个工作领域内还是比较熟悉的，所以，你在回答问题时不需要过于"显摆"你的报告"写得多么好"，而应该把重点放在展示你具有该职位所需要的能力和素质这一点上。因此，你在叙述报告时一要有逻辑、有亮点，重点突出你会做行业和公司分析；二要控制时间，不要说得太多。

第 8 章

职业发展思考

接下来进入本书的最终章节——职业发展思考，主要收录了我从业以来关于行业内卷、职业瓶颈期、女性职场、向上和向下管理等方面的一系列思考，希望可以帮助各位想进入或已经进入金融行业的朋友，在金融行业里稳定、长久地发展下去。

8.1　怎样积攒行业资源和经验

我在回答很多想进入金融行业的朋友的问题时，都会提到这句话：先入行最重要。入行后，你将会获得很多机会去积攒行业资源和经验。根据我工作多年的所看所思，总结了几条积攒资源和经验的建议供大家参考。

1. 人品和诚信放首位

金融行业是一个与人打交道的行业，尤其是职位越高，案头工作会随之减少，但花费在人际沟通上的时间就越多。而且金融行业的大多数交易，无论是一级市场承揽还是二级市场投资，都不是一锤子买卖，所以，想在这个行业里做得长久，人品和诚信是很重要的，忽悠了客户一次，恐怕就没有下一次合作机会了。

2. 寻找有效客户资源

在职场上积累客户资源本质上是一种价值交换，对我们真正有帮助的有效客户资源往往是你够得上的人，比如你在日常工作中经常接触的同事和客户，或者说相对自己高一级的人往往比相对自己高一大截的人对你来说更有助益。我们应该根据一个人与你的关系质量而不是职级高低来判断其对你的价值。

在刚入职场的时候，你不应该妄自菲薄，觉得无法靠自己积累客户资源，而要积极寻找那些与你投契又可能给你带来指导帮助的人，即使他的职级并不高。

3. 维护好弱关系圈

真正能在你找工作时对你有帮助的往往是你的弱关系圈，因为跟自己环境一致的强关系圈大家都旗鼓相当，反而不容易发掘出新的机会；而弱关系圈既跟你有一定的联系，但你们的关系网络又不完全重合，机会往往更多。

弱关系圈可以是校友关系、同一兴趣爱好群体的交流圈，也可以是通过同业交流认识的新朋友。相比强关系圈，弱关系圈需要我们更为积极主动地去维护，比如在校友活动中做一个热心张罗的人、定期组局邀请同业一起吃饭聚会或加入某个有价值的社群等。一些学校尤其是财经专业强的名校，各个职级的校友遍布各家金融机构，有些校友会也会举办金融行业相关论坛和交流，你可以积极参与，校友关系是很好的进入弱关系圈的切入点。

4. 打造自己的职场标签

演艺圈的明星会给自己贴标签，这样更容易被观众记住；在金融圈做得好的人也会打造属于自己的职场标签，凸显一技之长，让领导、同事、客户遇到某些方面的问题就会第一时间想到你。

职场标签是需要符合你本身特质的，如果你不善于交际，那么面对不属于本职工作内的沟通问题就不要冲在前面。标签可以是一种技能，比如精通法律，擅长制作 PPT、编程，也可以是一类业务领域，还可以是跟工作有关的兴趣爱好或性格，比如专业级别的舞蹈或体育运动水平在国有性质的金融机构里也是加分项。

5. 做好调研工作

在拓宽你的资源圈前，先做好调研工作，了解对方的性格和需求；在建立交情之初，不要急功近利、交浅言深，保持一定频率的沟通，能帮助他人时主动提供帮助，礼尚往来；如果情况允许，除了线上的问候来往，也建议过一段时间可以当面交流一次，面对面沟通与线上沟通的差异是很大的。有的朋友可能会问，如果跟某位朋友打交道总是自己单方面投入应该怎么办？可以回到第二条建议来看，在排除其他因素后，也许这不算是非常有效的资源，那么可以进行一般化处理，也不用感觉失望或者觉得很吃亏。

最后，在职业生涯中一定会遇到一些机会跟业内声望或地位较高的人物交流，最好的做法是在充分准备的情况下，做到有礼有节、不卑不亢，给对方留下一个良好的印象，或许以后可能在面试中遇到，至少可以获得一个加分项；如果以后有机会再次合作，则可以根据双方情况进一步加深认识。

8.2 职场女性职业发展思考

我读过几本国外写职场女性的优秀书籍，比如谢丽尔·桑德伯格写的《向前一步》，还有马歇尔·古德史密斯和萨莉·海格森写的《身为职场女性》，但针对国内女性职场指导的书籍并不多，所以，我想单独用一节针对所有即将步入职场或已经在职场上奋斗的女性聊聊国内金融行业女性在职场中的发展经验和建议。

1. 改变一心求稳的固化思维，打造职场核心竞争力

追求稳定工作、寻求安全感是人的本能，但我发现很多优秀的女性因为过于看重"稳定性"而放弃明显综合条件更好的工作，实在非常可惜。

其实我觉得从某种程度上来说，"稳定工作"本身就是一个伪命题，对于绝大多数金融行业的公司来说，它们都无法保证一切是一成不变的。稳定在大多数时候只是因为你所处的行业和公司处于上升期时的相对状态，而不是绝对状态。所以，对于职场女性来说，要改变一门心思求稳的固化思维，以打造自己职场的核心竞争力为出发点，构建职场个人价值护城河，因为安全感不是来自外界的，而是来自自身的强大。

尤其是对于刚入职场不久的女性朋友来说，更没有必要为了稳定性去做一份对你个人价值提高有限的工作。在市场化程度比较高的岗位上努力一番，在初入职场时就建立良好的工作习惯，对你的整个职业生涯都是有所裨益的。

退一步来讲，如果在职业生涯初期，你在头部大机构的前台岗位上工作过几年，即使过几年想转岗，你的选择空间也会更大。比如我有一些在卖方做行业研究员的女性朋友，工作了几年再去交易所、基金业协会等机构，她们此时的选择一方面是深思熟虑后的结果，另外，在这些岗位上依然可以发挥过去行研工作积累的技能和经验。

2. 放眼未来，对整体职业生涯有规划

我共事过的很多女性同事能力都比较强，工作完成度也很高，但女性相比男性更容易犯的一个错误在于女性往往更重视当前的指标和职位短期的好坏，比如公司知名度、薪酬、工作强度、离家距离等，而容易忽略中

长期职业发展问题。

金融行业总体来说是一个强周期行业，并且行业子板块的景气度并不同步，在我从业的多年时间里，信托非标、基金子公司非标、P2P、自营债券投资、股票投资、量化投资、PE/VC 等都有自己的高光时刻。但是，对于大多数人来说，选择职业路径跟做长线股票投资一样，追涨杀跌大概率是挣不到钱的，甚至会被套牢，只有选择一条长期景气的赛道深耕，才更有可能获得超额回报。

3. 敢于说"不"

女性朋友会不会有这种感受：在金融行业同一个部门做同一份工作的两个人，如果是统计数据这些杂事，那么领导通常会选择让女同事去做，其他部门找你帮忙你也不好意思拒绝，导致日常事务越堆越多，却没有精力去做更有利于自己成长的任务。久而久之，在同事心目中，你的定位就变成"擅长处理行政事务"，而跟你同级别的男同事却有更多时间做出更出彩的工作。

女性在职场中的思维方式更容易倾向于取悦别人，虽然人缘好是一个优势，但如果被同事当成老好人，则对你的职场提升是弊大于利的，所以，我们要学会有条件地拒绝。第一次拒绝他人的不合理要求可能比较困难，但是你可以提前想好一些对策，比如说你手头正好在忙很多事情、你要先请示上级等，久而久之，同事也会更有分寸感了。

身处离钱最近的行业，也会面临相比其他行业更多的诱惑，对于不合法合规或突破道德底线的事情，女性朋友也要在一开始通过语言或行动明确表示拒绝，避免事态进一步恶化。

4. 敢于大方展示自己的成绩

以我身边的职场女性为例，她们在面对自身成绩时都很谦虚，甚至在出色地完成一件事情后，相比其他男同事会把自己放在较低的位置上，不懂得展示自己的实力，或者觉得这些小成绩不算什么。在职场中每个人都是一步一个脚印走过来的，在刚入职场的前几年里，你可以把手头的工作出色地完成本身也是一种成绩。既需要锻炼自己做得好的能力，也需要锻炼自己说得好的能力。

大方展示自己的成绩虽然说起来容易，但真的做起来我知道也是挺为难的。我的一个小建议是可以把你的日常表现在手机上用笔记形式记录下来，针对直属领导需要多汇报，针对分管领导需要准备好相应的素材，这样才可以在有短暂机会展示时抓住这些机会。

每家企业的企业文化不一样，所以，也不用生搬硬套国外书本里的方法，可以多观察公司内评价较高、升职较快的同事是怎么做到展示自己的业绩的，尤其是在竞争激烈、拿业绩说话的前台部门，如卖方研究员、销售、项目承揽／承做人员，机会可能稍纵即逝，在业务顺风顺水时，及时展示自己的闪光点，可能会为自己带来职场上的跨越提升。

5. 既要注重细节，也要把握全局

女性在工作中往往容易纠结于细节，我也有这个倾向，比如当年我在做卖方行业分析师时恨不得把研究报告里的标点符号都核查一遍。工作细心是一个优点，但在注重细节的同时也要把握全局，很多工作并不像学校里的考卷那样都有标准答案，如果习惯事事追求完美，在有限的时间里可能就无法顺利完成工作，然后容易陷入过度焦虑的循环中。

6. 提高抗挫折能力

随着工作年限的增长，我觉得自己的一大进步就是抗挫折能力越来越强。初入职场的女性往往抗挫折能力差，如果在工作中出现一些小错误，则会倾向于过度自责，并且在后续工作中产生畏难情绪，遇到可以上台展示自己的机会或者带领团队的机会，也会因为担心搞砸了而躲在后面。其实在每天、每周、每个月、每年的工作中发生那么多大大小小的事情，你犯了错担心领导和同事对你不满，但其实大多数人早就不记得了，尤其是做投资，看错方向是经常发生的事情，也鲜少有人每年都可以做到业绩大幅跑赢大市，修炼抗挫折能力可以说是做投资必需的。被领导或客户说了几句，在很多时候也不用放在心上，也可能是他那天正巧心情不好。在刚工作的时候，有机会摆在我面前，我也觉得自己无法胜任，但男性在这时就会比较大胆。比如在面对一个晋升机会时，有些男性即使把握不大，也会在领导面前信誓旦旦地讲一定可以完成。所以，作为职场女性，在工作中可以刻意提高自己的抗挫折能力，在遇到挫折时不要太放在心上。

7. 保持情绪稳定

一些朋友跟我说不喜欢自己的直属领导是女性，因为很容易遇到情绪化的女性领导，为了一点小事就苛责下属，对下属无正当理由地明显偏爱或厌恶，容易将自己的主观意志凌驾于客观事实之上。

虽然不好相处的男性领导也有很多，但在情绪化这一点上，的确是女性领导"更胜一筹"，作为她们的下属，不得不花更多心思在照顾女性领导的情绪上。所以，作为职场女性，也应该进行情绪管理，作为领导应该尽量以业绩为导向，公平地对待自己的下属；作为员工不要主观地评判他人，不要搞小团体，不要在背后说他人坏话。

我知道以上几点都是说起来容易做起来难的，但如果你每天可以提高一点点，经过一段时间的努力，你就会发现自己在职场中愈发游刃有余。

8.3　怎样应对职场瓶颈期

每个人在职业生涯中几乎都会遇到瓶颈期（或者叫作倦怠期），此时不要急于逃避，而要客观分析是哪些原因造成你对工作的倦怠甚至厌倦的，并根据成因采取应对之策。

1. 重复性工作没有成就感

日复一日的重复性工作很容易让我们感到倦怠，应辩证地看待重复性工作这件事情。

首先，没有工作是完全不重复的，这也是所谓的熟能生巧，可以通过观察去判断这种重复性工作是阶段性的，还是会始终持续到你无法容忍。建议将工作分成很多个具体的、容易执行的目标，并且对这些目标给予任务奖励，就算重复的工作也有它的阶段性成果，可以把自己的成就写在工作日志里，并给予自我奖励。

其次，每个人对重复性工作的容忍度不一样。如果这份工作是你可以接受的，并且性价比很高，那么你可以拿出工作之余的时间自学一些新知识（包括考职称、考证）或者去搞副业（但需要注意公司的合规要求）。

2. 工作内容对自身没有提高

接着上一个问题说，如果这份工作的无聊程度已经超出你的底线，再做就是浪费自己的时间，那么我觉得你可以评估一下跳槽要承担的各种成本是否是自己可以接受的。如果所有的潜在损失你都可以接受，那么我建议你想清楚自己喜欢的方向并付诸行动。记得我刚毕业时，一些朋友入职高盛、摩根士丹利等国际一流投行，在应届毕业生中薪酬十分丰厚，很让人羡慕。但是后来听说他们入职的是运营等对内服务的板块，工作内容烦琐且重复性高，而且因为外资投行的分工非常细，如果一直做下去，想跳槽到其他券商也很难找到匹配性的工作，缺乏职场竞争力，所以，我的朋友在工作一段时间后还是选择了读 MBA 寻求职业转型。

3. 在当前公司里职业上升路径出现问题

随着这几年大量人才涌入金融行业，僧多粥少，很多人都会遇到职业上升瓶颈问题，可能几年前你所在的公司还有很多升职机会，但是预计未来很多年也只能维持现状。遇到职业上升瓶颈期，我的个人建议是根据具体情况相机抉择。

（1）如果在这家公司里你的能力还是可以不断得到提升、市场价值也有继续增长的空间，那么我认为你可以再耐心等待，除非有明显更好的橄榄枝向你抛来。其实很多职场上的变化会超出你的预期，有时候可能多等一年半载就会柳暗花明。

（2）如果你已经等待很长时间，但工作还是死水一潭，那就开始准备其他计划吧。需要注意的是，为了解决职业上升路径而跳槽，在很多时候需要等其他公司出现一个好职位，而好职位并不是常常有的，所以，即使你现在想跳槽的意愿非常强烈，还是要做好本职工作，不要轻易让公司里的任何人发现你有跳槽的想法。

8.4　向上管理

向上管理是职场人士在职场中不可避免要遇到的问题，即使你走专业路线，跟你的顶头领导搞好关系也可以让工作更加顺畅、舒心。本节总结了一些向上管理的经验。

1. 向上管理最重要的是了解你的领导

一个人的性格和处事方式在工作以后基本上已经定型，很难改变，所以，不管是在入职前还是在日常工作中，了解你的领导都是向上管理的第一步。

可以从两个维度观察领导：能力（包括资源）和人品（包括性格等因素）。两个维度会出现四种不同的组合：能力强、人品好；能力强、人品差；能力弱、人品好；能力弱、人品差。

能力的强弱更容易量化，可以通过他的过往经历、业内口碑、业绩表现等维度进行评估。能力强的领导可以给你提供更大的助力，但如果你对自己的实力有足够信心，能力弱、人品好的领导可能也很适合你（主要对资深职场人士而言），管得松的领导可能带给下属更多展示自己的空间。

性格好不好也不是绝对的，在很多时候要看气场是否投契。如果你和你的上司都是细心之人，两人就会比较合拍。在打听领导性格方面，客户的评价可能只是一面之词，人是很复杂的，有些人对客户很好不代表对下属好，这需要我们多方了解。

什么是好领导？概括来说拥有以下几点的可以认为是好领导：自己能承担责任、能给下属做事的机会、自己有上升空间。前两点体现领导的人品，最后一点体现领导的能力。如果你遇到了三点都具备的领导，建议你一定要跟紧他，积极做事，多学习，一定会使你的职业生涯受益。

2. 主动做好汇报工作

不管你的领导是怎样的风格，主动做好汇报工作都是十分重要的。我在做了团队领导后才发现，领导并不清楚每个人的工作表现，所以，需要了解领导关心的战略、考核指标和其他事情，要针对领导关心的内容有节奏地进行汇报，对领导交办的事情要及时反馈、有始有终。在每次重要汇报前应自己先整理材料、熟悉关键数据、梳理思路，然后再去汇报，避免出现答不上来的情况。在养成主动汇报的习惯后，久而久之，你在公司内部就可以树立一个靠谱的形象。

3. 管理领导预期

人和人的工作效率千差万别，职业生涯是一场马拉松比赛而不是百米冲刺，如果你想在这家公司里长期做下去又工作得舒心，管理好领导的预期也很关键。所以，建议新到一个地方先多观察，看看跟你同级别或高一级的同事每周的工作量和工作状态，不同公司的企业文化相差还是挺大的。

如果你是一个能力强的人，那么刚到新公司时可以按照略高于平均水平完成工作任务，不要一下子让自己忙碌到饱和状态，要给未来不断进步留下想象空间。领导普遍希望你在他的指导下做得越来越好，成绩越来越突出。就像预测股票，预计这只股票每年盈利都有持续增长的空间好于只有今年昙花一现的高增长。职场和资本市场一样，需要让领导看到你的成长和进步。

4. 设身处地地从领导角度想问题

职场中很重要的一点是利益的等价交换。对于大多数领导来说，做一个对他有用的下属是他评估你的价值时重点考虑的因素，所以，你要学会设身处地地从领导角度想问题，努力了解他的短期、中期和长期诉求，做对他有用的人，但是要注意不要成为领导的工具（如果你在职场中总是被当作工具，则可以反思自己想事情的角度是不是太狭窄，是不是只能看到团队的眼前利益）。当然，还有一种情况是，你遇到了人品很差的领导，这时你也可以从他的角度想想他做一些事情的动机和原因。

5.提供情绪价值和展现忠诚度

除了在职场中做出成绩，向领导提供他需要的情绪价值在很多时候也是有很大帮助的，尤其是在一些市场化考核不充分的公司里。要记住，领导也是人，他们每天同样会遇到各种烦心事，在脆弱的时候同样需要下属的有力支持。如果你善解人意，并让领导相信你是一个忠诚的人，那么你的发展前途肯定要远好于只会埋头苦干的人，这也是为什么做过大领导秘书的人在单位内部升职都是相当迅速的。

8.5　向下管理

在校生或职场新人或许觉得向下管理是离自己有点儿遥远的事情，但其实向下管理也存在于我们工作的方方面面，比如你可能会带实习生、会做项目牵头人等。懂得向下管理可以使工作事半功倍。与向上管理一样，我也总结了一些向下管理的建议。

1.如果有人事选择权，那么选对人是最重要的

如我在 8.4 节中所说的，一个人的性格和办事方法到工作后基本已经定型，所以，与其想改变下属，不如一开始选择适合自己团队的下属。说实话，中层一般来说是最受气的角色，既要完成上级领导的要求，又要鼓励下属，很有可能出现两头不讨好的情形，所以，如果你拥有人事选择权，那么团队里一定要有值得自己信赖的人。如果团队里的人员很多，那么你还需要考虑他们的搭配问题，有人擅长打前阵做营销工作，有人比较细心可以做支援辅助工作。在招人的时候，可能会因为团队里男性或女性

比例过高，所以，在性别上有所侧重，或者因为你的条件正好可以补齐现有员工的短板就被幸运地录取了，在很多时候这也是领导考虑的真实情况。

2. 制定明确、清晰的团队目标和个人目标

领导的风格虽然不尽相同，但如果一个中层领导不能给自己的团队和团队中的每个人制定一个清晰的目标，那么这个领导当得着实有些失败。哪怕中长期目标有画大饼的成分存在，但是该画的大饼还是应该画的。

3. 以结果为导向

团队里的成员一多就会出现分配不均的情况，虽说管理要一碗水端平，但做到绝对公平是很难的。做不到绝对公平，至少要做到相对公平，所以，建议在向下管理时要建立以结果为导向的机制，并且结果是可以被量化和评估的，可以避免有些下属利用制度漏洞摸鱼。

4. 充分授权和给予下属成就感

光会制定宏伟目标是不够的，如果把一件事情交代给下属去做，那么权、责、利也需要对等。有的下属能力强，交代的任务更难，同时也应该给予他相应的授权，让他在工作中更有成就感。

5. 过程管理和及时反馈

虽然要有充分授权，但一件事情布置给下属后也不能撒手不管，毕竟你是部门或团队的负责人，需要对布置给下属的事情负责。有些下属可能没有理解任务内容导致最终结果跟你预想的南辕北辙，有些责任心比较差的下属可能工作进度明显晚于预期，这就需要进行过程管理，发现问题

后及时解决。如果下属在工作中遇到困难，那么我们要想办法去帮助和指导他。

6.设身处地地从下属角度想问题

己所不欲，勿施于人。对于大多数人来说，工作就是为了挣钱或获得更好的发展，所以，作为上级，也要定期了解下属的真实想法，思考怎样让每个下属在这份工作中得到提升，从而增强团队的凝聚力。

以上说的是一些通用的做法，在实际操作中也需要根据具体情况做出调整。最后要提醒的一点是，我个人建议，在下属面前还是要树立自己的权威性，不要因为关系好就在下属面前流露出你对公司领导或同事的不满。要记住，事物是动态变化的，在职场中没有永远的朋友或敌人。

8.6　行业内卷应对之道

金融行业的朋友聚餐，在饭桌上必不可少的一个话题就是行业内卷。每个同行都不同程度地感慨："我们刚入行的时候金融行业内卷还没有这么激烈，怎么现在这么严重了？"所谓内卷，也就是我们现在所熟知的行业内竞争。下面就来谈谈这方面的内容。

我刚入行的时候，听到过很多励志的故事：学校没有那么亮眼的毕业生也有机会进入业内头部券商，后来手下带的都是名校毕业生；一些行业资深从业者在转行前的职业经历非常普通，比如小地方学校老师、某工厂技术人员等。

有兴趣的话，可以翻看基金经理和金融机构高管的履历，会发现比我们入行再早几年，金融行业更是英雄不论出身。但是，现在各家金融机构，尤其是知名金融机构对学历、工作经验和工作时长的要求越来越高，虽然这几年在行业的大多数领域内我们并没有看到工作更有成效。

先来看看内卷的定义：内卷指同行间竞相付出更多努力以争夺有限资源，从而导致个体"收益努力比"下降的现象，可以看作努力的"通货膨胀"。

从宏观层面来看，金融行业的内卷跟国家经济大环境和人才质量普遍提高的大趋势相关。金融行业的黄金期是在 2008 年以后，如果在 2008 年你已经在主流金融机构里有过几年的工作经验，那么基本上在职位和薪酬方面都可以得到质的飞跃。所以，我觉得从入行时点来说，2006—2008 年是一个很好的时点，然后就是 2014—2015 年。

导致金融行业内卷的除了宏观因素，一个很重要的原因是这几年处于强监管＋去杠杆的金融政策环境下，为了整治金融脱实向虚和化解隐债可能造成的潜在系统性风险，这几年监管明显趋严，一些套利空间不复存在，野蛮生长的时代一去不复返。而且为了增强薪酬分配上的公平性，对于从业人员尤其是高管的薪酬都开始进行限制。虽然限薪主要针对高管，但连上级都已经被限薪了，中、基层人员的收入肯定也会随之压降，包括不少企业的出差标准大幅下降也与之相关。

面对行业内卷的形势，每个人都在想着自己的应对策略。虽说对于金融行业来说，只有变化才是永恒不变的，但我从工作以来也看了很多不同选择下职业发展大相径庭的案例，也想给读者提几点建议。

1. 选择有可能比努力更重要

金融行业的竞争虽然现在比过去更加激烈了，但是从整体来说还算是性价比较高的行业。金融行业有很多细分的子行业，选择不同的赛道，当你毕业 3 年、5 年乃至 10 年后将是天差地别的境遇。

选择哪个赛道既要横向比较（可以跟海外更成熟市场相关职位的发展

前途做比较），也要纵向比较（事物都有它的惯性，可以多方打听了解这个职位的前景如何）。

2. 既要立足当下，又要有长远眼光

我们不要仅仅盯着某个职位给你的起薪，还应该考虑它的可持续性，比如充分考虑政策风险。说回金融行业，比如曾经大火的 P2P，其实它始终没有被金融行业的监管机构纳入正规监管体系内，想挣快钱的心情可以理解，但也要掂量掂量这个快钱好不好挣。

我们的眼光要放长远，毕竟职业发展不像买卖股票流动性那么好。我的一些原来重仓教育股的朋友从 2021 年年初就发现形势不对，赶紧斩仓止损。但在职业生涯中，很多时候不是想转行就能转行的，要充分考虑 10 年甚至更长时间这条赛道的成长性。

3. 如果确定长期没问题，就要容忍短期的一些波动和低谷

金融行业是典型的周期行业，子行业的景气度、波峰、波谷也各不相同，像债市牛时股市一般表现平平，过去几年辉煌的非标现在却光鲜不再。如果你确定自己所在的职位未来总会有突破向上的空间，那么面对短期的低迷要学会忍耐，在金融行业里风水轮流转是常态。比如在我入行那年，新能源和电力设备行业是公认的不被看好的行业，没有几个人想被分配到这个行业，但现在市场上有资历的新能源研究员（当然大多数已经转基金经理）都非常受欢迎，而当年抢手的行业有些现在已经沦为背景板了。

4. 选择需求量相对较大的职位

对于大多数普通人来说，并不一定能确保自己在行业内做到顶尖水平，所以，对于工作内容狭窄、小众的职位要谨慎选择。这一点经常出现在很

多外资金融机构里，你只是在做某个流程上的螺丝钉而不了解流程的全貌，如果行情不好被裁，想找匹配的工作就会比较困难。

这也是为什么我一直建议应届毕业生不要排斥销售类的岗位，因为不管在什么行业里，销售（销售的范围可以很广，包括金融产品、研究服务、经纪业务服务等）都是企业招聘需求的大头，而且职位可适配性较强，比如在股市行情好的时候可以卖股票型基金，在股市行情低迷的时候债券型基金和其他衍生品产品也可以满足客户的需求。

5. 选择有核心竞争力的岗位

金融行业是十分重视人才的行业，在有核心竞争力的岗位上，如果你有能力，其他条件也不错，即使在这家公司里受到打压，换一家公司也可以施展拳脚。

6. 如果发现职业前景渺茫，则及时止损转行

我在本书中反复提到，只有变化才是永恒不变的。如果你所在的子行业因为一些原因前景渺茫，那么我建议你与其耗着被动被优化，不如主动寻找机会转行，毕竟行业内很多技能是共通的，你积累的技能可能会在另一个领域内大放光彩。

8.7 实操问题解答

星友 1 提问：

老师您好，想请教一下您怎么看待加班？在实际工作中，"加班"可能分为不同的场景。可否详细说说？ 我本人遇到的是直属领导比较喜欢邀功，

本来不赶时间的项目也必须加班完成。而且因为没什么事到点后直接下班，她找我谈过一次话，主题就是"不加班是不对的"，可是没什么事留在公司里也没有必要。此外，还时不时出现类似"出差路上还安排工作"的情况。

答：

可以从两个角度来看待这种加班。

（1）工作职能。一般金融机构的中后台容易有加班文化，因为工作业绩不容易被量化，考核基本由领导打分。如果你的工作属于这种工作，那么你确实要接受加班的常态。作为中后台的领导，她也需要通过成绩赢得上级领导的信任。

（2）企业文化。很多从金融机构去互联网公司的朋友都会不习惯，因为互联网公司都有各种（不必要的）加班文化，如果你所在的公司就有这种文化，那么领导的行为也有据可依。在解决方案方面，如果你觉得平台很好，没有换工作的想法，就要设身处地地想想领导行为背后的原因。如果观察下来觉得环境不可变，你又比较崇尚在工作时间内高效完成工作且考核参考的是工作内容而不是工作时间，那么你要考虑转去考核更直观的前台业务部门或公司。

总体上我认为加班确实无处不在，区别在于工作时间越长，加班越是出于自发的而不是被动的，加班的主动性越强。

星友2提问：

老师您好，作为投研新人，也是女性，压力肯定比较大，真诚地想请教一下怎么平衡工作和生活？

答：

实际上，在很多时候，工作和生活的确是很难平衡的，可以做到的是对自己有一个整体的规划。我觉得女性相比男性的一个思想上的劣势就是在工作之初就总会想到怎么平衡工作和家庭。我的个人建议是在开始工作的几年里把重心放在工作上，当你积累到一定程度时（不管是工作经验还是金钱方面），你的选择会更多，当你在公司里的地位比较稳固的时候再考虑更多家庭上的事情。对于我个人来说，我会借助外力做很多事情，比如我长期雇用家政人员给家里打扫卫生、做饭，这样就节省了自己的很多时间，同时要充分利用自己的碎片化时间。

星友 3 提问：

老师您好，请教一个关于职业发展的小问题。很多人说区别于学生时代，步入工作岗位后一个很大的不同之处是要做到"扬长避短"，而不是"补短板"，对此我有些疑惑。作为初入职场的新人，应该如何理解"扬长避短"和"拓展舒适圈"？"扬长避短"会不会容易产生路径依赖呢？

答：

我个人认为这里的"扬长避短"指的是你选择的职位要能够发挥你的优势、规避你的弱点。举一个简单的例子：如果你是一个特别不喜欢跟人打交道的人，那么做销售就会比较痛苦，但你可能会成为优秀的程序员。"拓展舒适圈"说的是当我们从学生时代进入职场后，有些能力是可以通过人为刻意锻炼提高的。再举一个例子：我刚入行时，跟我同一批的卖方研究员中有几个其实比较内向，但通过几年锻炼下来，现在再见到他们，已经可以跟任何客户侃侃而谈了，这就是拓展自己的舒适圈。

星友 4 提问：

老师您好，请问怎么提高分析问题的能力？比如对一家公司的某个方面提出问题得到回复后，我觉得这种说法挺合理的，但是别人就能从其他角度提出质疑；在分析问题的时候，别人分析的层次就很清晰，最后点出问题也很到位，但是我看到一句话之后提出的问题就比较模糊，我觉得表达不清楚就意味着思维的混乱；别人可以在多板块内容之间建立钩稽关系，但是我想不到。以上这些问题，很想请教老师怎么提高？除了多看、多学，这些问题是否反映了自己思维层面的不足？对于这方面该怎么改进呢？

答：

（1）主要问题可能不是抽象的分析能力强弱，而是对该问题知识面广度和深度的掌握。对话双方不在一个水平上，那一方只能做听众，甚至是一方忽悠另一方。

（2）要养成思辨的习惯，对任何权威都不盲从。这一点在很多学术领域中都很重要，但在金融界较容易落实，在很多时候投资其实不是严谨的科学，很值得思辨或者质疑。

（3）增强自己的信心。在前两点的基础上增强自信也很重要，一来敢问、敢质疑，二来自己也可以成为观点输出的一方。多被别人挑战几次，可能自己也就被迫成长了。

（4）培养逆向思维。如果有的观点是带有先决条件的，那么多想一想先决条件会不会落空。在投资上众人都认同的事情反而会有预期差，导致赔率高。

后记

从 2017 年突发奇想在知乎上开办线上讲座，到 2020 年在知识星球上建立"冰河洗剑的金融圈指北"星球至今，不知不觉间已过了近 7 个年头，如果从入行算起，我本人从事投研工作则已超过 12 年。白驹过隙，岁月倥偬，十余年前入行笔试的场景至今依然历历在目，记得有一个环节需要就新能源光伏行业写一份研报，同是中国的新能源行业，此时与彼时的处境可谓大相径庭，彼时中国新能源行业发展受到很多掣肘，现在的中国新能源已在全球市场份额的争夺中高歌猛进。有趣的是，新能源高景气的同时，其股价在这一刻却因为信创、人工智能的崛起而节节败退。由此可见，在资本市场中你方唱罢我登场是永远不变的主题，这也是其深具魅力之处。

本书不仅集合了我十余年来入行、工作、跳槽的一系列经验，借鉴了身边颇多金融界朋友们职场心路历程，同时也融合了知乎和知识星球上向我咨询的几百位年轻朋友们的职业困惑。由于本书的目的是给予求职建议，那自然就不是学术著作，疏漏难免，若有不足之处还请读者朋友多多包涵指正。但基于我近几年对各类年轻求职者的了解，相信本书可以使广大求职者窥到金融的门径，少走很多弯路，想到这一点我觉得也算是完成了一项有意义的工作。

这一刻，我需要感谢我的家人、星球的诸位嘉宾和星友及一路上鼓励我的朋友们，没有你们的支持和认可就不会有这本书的诞生。当然，出书本身并不是重点，重要的是和大家一起带着情怀给予年轻人指引和帮助，使更多优秀人才不因信息不对称而错失机遇。毕竟很多时候对内行不言自明的一丝信息对仍处于门外的伙伴却无比珍贵。如果已完成积累的人才因信息不足而不得其门而入，又或是做出了错误的方向性选择，则无论是对其个人或行业都是损失。希望本书的读者后续有兴趣也可以继续与我建立联系，具体可以直接加入我的知识星球。

最后，还是要提醒读者，从事金融行业不能只从薪酬角度来考量，也需要喜欢和了解相关金融细分领域本身的工作特性。更重要的是，不能忘记金融的最终目的是要服务实体经济，为祖国的经济发展做出贡献。希望在民族走向复兴、华夏重面辉煌的年代，大家能在滚滚洪流中实现自己的价值。